INCREDI VILLE

怪奇事物所 II

這世界不只很怪，還很可愛！

前言

打怪奇事物所成立以來，我們不時會被問到一個問題：「你們為什麼想講冷知識？」

在回答這個問題前，我往往會後發制人地反問對方：「那你覺得什麼是冷知識？」

對大多數人來說，冷知識就是那種學校沒有教考試不會考，終其一生也不會遇到的無用話題——「冷」這個形容詞，似在暗諷它有多麼遠離人群、遠離生活、遠離一切社會所需。

可不要忘了，但凡是「知識」，往往都是基於一套觀察、假設、實驗及結論的方法，試圖去解釋我們所處世界的真相。所以在知識的深處，其實都埋藏有一群專家學家所付出的心血結晶，並從中閃爍著他們的好奇、熱情與想望。

因此我總覺得，與其說「冷知識」意在標榜這知識本身有多麼晦澀冷僻，不如說是在提醒我們對待知識的態度是那樣疏離冷漠。特別是在這個分工越來越細碎、資訊越來越爆炸的現代社會，我們往往只關心一個知識是否與當前生活有所關聯，對這個世界的運作及組成越發不感興趣，與這個複雜而有趣的世界也漸行漸遠。

於是我猜想，只要把我們對知識的態度，調整到一個更適合的溫度，那也許可以從知識的內核中，感染到那些對世界的好奇、熱情與想望，從而加深我們與世界的連結——

取好奇心為火種、以幽默感作柴薪，希望燃起一股更親人的火光與暖意，拉近你與世界的距離，正是怪奇事物所真正想做的事情。

所以很遺憾在這本書中，你看不到什麼硬派的科學新知或系統性知識，有的只是我們在偶然接觸到一些未曾聽聞的有趣知識時，心中最真實且單純的興奮、喜悅與憧憬。

由衷感謝你支持怪奇事物所的第二本書，同時也希望看到這本書的人，都能感受到這份興奮、喜悅與憧憬。

目錄

第二章　未曾想過的酷東西

第三章　讓人羨慕的好榜樣

第四章　用來反省的活教材

第五章　你最信賴的毛朋友

第六章　身不由己的好藉口

怪奇事物所 | Incrediville

成立於 2017 年 7 月，由 Vincent、Jiajia 及 InHaw 三人忠實執行所長的意志。Vincent 時時盯著所長現在人在哪正在做什麼、Jiajia 喜歡用畫筆記錄所長的所見所聞、InHaw 則負責把所長講的話翻譯成人類語言。

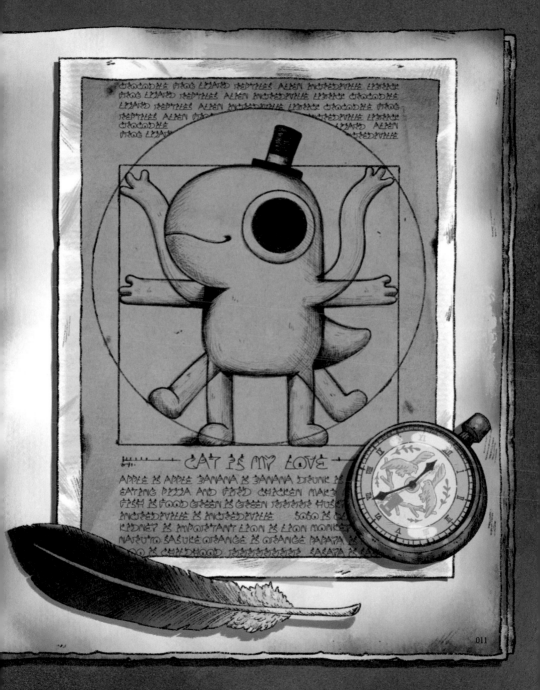

所長｜Chief

生日：6 月 29 日，這其實是他掉到地面上的日子

種族：不詳，沒有任何已知物種與其特徵相符

身高：平時是吉祥物的標準大小 60 公分
　　　但視需求可以長到任何尺寸

體重：約等於 2 隻成年橘貓

顏色：友善的藍綠色（RGB 色碼表 #37c494）

喜歡的事物：貓與香菜

討厭的事物：被誤會成兩棲類或爬蟲類

擅長的事物：對發票

夢想：主持益智節目或以來賓身分上綜藝節目跳珍珠板

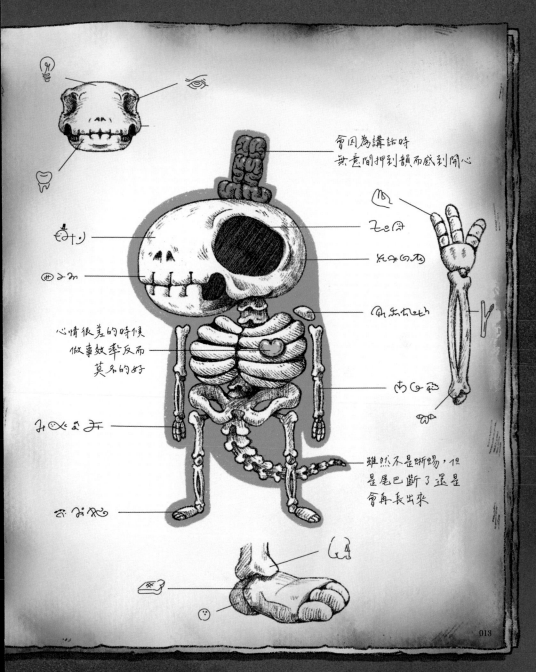

會因為講話時
無意間押到韻而感到開心

心情很差的時候
做事效率反而
莫名的好

雖然不是斷掉，但
是尾巴斷了還是
會再長出來

你知道嗎？

以前的人們
根本不知道什麼是藍色

00:00

天 是藍的海是藍的，聽起來是那樣理所當藍，但如果翻遍世界各地的古老文獻，你會發現「藍色」這詞彙誠屬藍能可貴。例如古希臘的史詩《奧德賽》裡，總共用了超過一百個字眼描述海洋，唯獨沒有我們熟悉的「藍色的海」，此外希伯來文版的聖經或古蘭經中，同樣沒有隻字片語提到藍色[1]。

這當中的例外是古埃及及中國，而她們正好也是最早發明藍色染料的文明。埃及及中國的例子間接證實，由於大自然所製造的藍色色素，就跟日本進口的壓縮機一樣非常稀少，得等到工藝技術有能力調染以後，人們才漸漸明白藍色是什麼概念。

所以在這之前，人們眼裡的天空或海洋，大多是青色、綠色甚至灰色，而不是什麼藍色。

有科學家找上一個語言裡沒有藍色、卻有非常多綠色詞彙的非洲部落，進行辨色測驗。結果發現，雖然他們辨別藍色系的能力很弱（藍色及藍紫色看在他們眼裡一模一樣），卻有能力分辨出多種深淺不一的綠色——而這些綠色差異之細微，就連科學家都看不出來。

這也證明，人對顏色的分辨能力，不只會受到先天生理條件影響，還和後天文化環境有重大關係。比如你平常沒有使用口紅的習慣，那什麼豬肝色、豆沙色、南瓜色、珊瑚色，在你眼裡，都叫紅色、紅色、紅色和紅色了。

若說親眼所見即是真實，那在一百個人的眼裡，這個世界，本來就有可能呈現出一百種真實。而認同別人看見的，和你看見的一樣真實，我想是在這個多元的社會中，人人都需要培養的一種雅量吧。

你知道嗎？

其實在 70 年前，粉紅色
被認為是男生的顏色喔

00:00

用藍色表示男性、粉紅色表示女性,這個對現代人來說習以為常的設定,其實要到大概70年前才被建立起來。早在19世紀前,你愛穿什麼顏色,跟你是男是女根本就沒有關聯(跟你有沒有錢比較有關)。

一直到一戰左右,美國社會才出現「粉紅色雄壯威武;藍色細緻婉約」的說法,所以當時的育兒指南或百貨公司型錄都建議:要讓小男生穿粉紅色、小女生穿藍色,和現在人的印象完全相反。

直到二戰以後,美國成衣業者為了拚業績,在做了一些其實不太可信的市場調查後,決定開始狂打「女穿粉紅男穿藍」,於是這個顏色與性別的連結,才就此被反轉了過來。

沒錯,這一切正是商人的陰謀。

而且「女生天生喜歡粉紅色」的說法,別說是無法證實,甚至早就被推翻了。近代研究紛紛發現,人們會喜歡哪種顏色,受後天環境或文化的影響更多[2],而這也正是我們今天想說的:

「因為你是女生所以你應該喜歡○○」;「因為你是男生所以你不能穿××」;「□□就該有□□的樣子」……別再相信這些沒有根據的說法了!這世界上沒有一種特質、或一種喜好,是只會、或只能在某一種性別上出現,所以我們根本不必依據自己的性別,來決定自己該活成什麼樣子。

我想說的是,比起他人自以為是的期待,那個你最喜歡、讓你感到最自在的樣子,肯定才是最適合你的。

你知道嗎？

聖誕節根本不是
耶穌的生日

00:00 —

每年的 12 月 25 日到底在慶祝什麼呢？

雖然你可能知道不是在慶祝聖誕老人生日，但你可能不知道，這天其實也不是耶穌生日。

事實上，聖經根本沒提到耶穌究竟哪天出生，不過根據經文描述，在耶穌誕生的那一天，「伯利恆的牧羊人都聽到了天使報喜」——因為不太可能有人在冬天出來牧羊，耶穌自然不會是魔羯寶寶。

此外聖經也提到，在耶穌出生後，聖母瑪麗亞和耶穌名義上的老爸約瑟，有馬上為祂「報戶口」。但根據可信史料，當時的政府不可能在冬天辦理戶籍登記，所以推測耶穌真正的生日大約在秋季③。

那為什麼後來會選 12 月 25 日慶祝耶穌生日呢？其實這天本來是羅馬曆法中白晝最短的一天，捱過了這個羅馬人的冬至後，光明將戰勝黑暗，故羅馬人會在這天舉辦盛大的太陽神祭典。

考慮到 12 月 25 日本來就有開趴慶祝的傳統，挑這天幫耶穌慶生，一般人比較容易接受，這時再順便問一下「安安你聽過基督嗎？」努力傳教的基督徒們就能計畫通了。

但也因為這天並不是真·耶誕節，加上聖經從來沒有鼓勵大家幫耶穌辦生日趴（聖經完全沒提到門徒幫耶穌慶生的情節），導致有一部分嚴謹的基督徒，竟意外地，和單身狗們產生了一個共同點——

他們都拒絕慶祝耶誕節。

你知道嗎？

其實鑽石
根本沒有什麼價值

00:00

要是你問我，人類史上最強的廣告文案是什麼？我會回答是「鑽石恆久遠，一顆永流傳」。

鑽石在過去的確算是珍稀的珠寶，但到了 1870 年，南非發現超巨大珠寶級鑽石礦場，這種除了漂亮以外沒啥實際用途的純碳物質[④]，隨時都有可能貶得一文不值。

於是鑽石商們聯合起來，一口氣買下所有礦場，成立了「戴比爾斯」這間公司，壟斷了全球鑽石市場、嚴格控制鑽石產量，讓鑽石能貴下去不要停。

解決了供應面，戴比爾斯接著朝需求面下手，要賦予鑽石一個無法被取代的價值。除了廣告，他們還在好萊塢電影中置入鑽石求婚情節、找上新聞媒體投放大量的假報導真業配（像是名人身上的鑽石有什麼故事），於是鑽石在人們心中的象徵意義，就逐漸和浪漫、永恆及承諾等概念畫上了等號。

這層連結最厲害的地方在於，它不僅給了你該買鑽石的藉口，也一併給了你別賣鑽石的理由，如此鑽石的數量和價格，就更不容易出現波動了。

由此可見，當商品和「文化」綁在一起時，它就給了人們有如宗教信仰般強烈的消費動機。除了結婚鑽戒，中秋烤肉、聖誕禮物和情人節巧克力都是一樣道理——不買你渾身難受，卻很少去質疑背後的理由。

那究竟要怎麼破解商人的陰謀呢？答案其實也很簡單：只要你單身的話，上述難題幾乎都能迎刃而解喔！

你知道嗎？

「白癡」的英文原意，其實是指
「不關心政治的人」

00:00

「白癡」的英文 idiot，源自希臘文的 ιδιωτης（idiotes），字根 idios，有「私人、個人」的意思。而在最早實行民主制度的希臘城邦——雅典，這字則專指那些「不去參加公民大會的人」。

因為對雅典人來說，一個合格的公民，應該要在個人工作和日常生活之外，另外花心思去關心或參與公眾事務，所以那些「不想碰政治的人」，就因此被叫成了 ιδιωτης，表示他和一般公民有所不同。

雖然這字一開始並沒有白癡的意思⑤，但因為雅典公民好像還滿鄙視這種人，如果隨便罵人 ιδιωτης，我猜仍有可能被告。例如在希臘歷史上，最著名的一段政治演說——《伯里克里斯陣亡將士葬禮演說》中就提到：

「儘管雅典公民們都有個人的事業要忙，
　　　但在公眾事務上還是有能力做出正確決斷。
　　　　　至於那些捨棄公民職責、不管政治的人，
　　　　　　　他們絕對不是沒有野心——而是沒有路用！」

嗯，請大家一定要在民主社會中，做個有路用的人。

你知道嗎？

小鳥的胃其實超大喔

要是一個人餐餐吃得少，我們會說他的胃小到像隻鳥，但你知道，鳥的食量根本一點也不小嗎？

一般來說，小型鳥一天要吃的食物，大概等同自身體重的四分之一到一半，而世界上最小的蜂鳥，每天還要吃到體重的兩倍。所以如果拿一個體重50公斤的成年人類來說，想實現小鳥胃，一天就得吃到25公斤的食物。

25公斤什麼概念？大概等於1350塊麥克雞塊、85份夜市牛排（不加鐵板麵）、70盤蛋炒飯、35套魯肉飯加礦泉水庶民組合餐、或25套雞排配珍奶肥宅快樂餐──別忘了如果是蜂鳥，這些數字通通要再乘以4。

這是因為飛上天其實是很累的一件事，我們常常忽略鳥類為此付出了極大的代價：不只代謝速度飛快，身體也很難儲存養分，唯有吃吃吃吃個不停才能及時補充能量。

總而言之，身為一個懶得跑懶得跳的人類，真正的小鳥胃不能帶你飛，只會害你肥，如果想換個更貼近真實情況的說法，我建議大家應該選擇另外一種，因為運動量不大，所以吃得也不多的動物為榜樣，改名叫小貓胃最為妥當。

#貓其實吃得很少

你知道嗎？

在牛奶裡加隻青蛙
可以保鮮喔

在俄羅斯有種淵源已久的祖傳秘方：把一隻活青蛙泡進牛奶裡，就能讓牛奶保持新鮮、不易變酸。

雖然這種偏方乍聽之下，就像是乖乖放一包、機台不出包一樣不可思議，但青蛙的保鮮作用，其實已被科學證實有效了。

科學家發現，某些兩棲類的皮膚分泌物富含抗菌物質，能抵禦細菌及微生物，因此把青蛙加進牛奶裡，理論上的確會有抗菌防腐的效果[6]（但味道會變怎樣就不好說了）。

這個發現不僅啟發了現代醫學——青蛙身上潛藏著許多新型抗生素；也驗證了俄羅斯的古老智慧——牛奶加青蛙，真能迸出新鮮滋味。

所以以後講到什麼太陽餅裡沒有太陽、老婆餅裡沒有老婆、王子麵裡沒有王子，記得不要再講青蛙撞奶裡沒有青蛙。

因為俄羅斯的牛奶裡，可能還真的有加。

你知道嗎？

貓在伊斯蘭文化中的
地位非常高喔

00:00

根據傳說，伊斯蘭教的先知穆罕默德，曾經因為不想驚動睡在他長袍上的小貓，而當場將那截袍子給割斷，更公開發表過「愛貓是信仰的一部分」這樣的貓派宣言。

這也許是因為穆斯林在每天五次的禮拜前，都要妥善清潔身體，自然會推崇愛乾淨的貓。此外，貓抓老鼠這個習性不只能抑制鼠疫，還能避免書籍被老鼠啃咬，對熱愛知識、喜歡藏書的伊斯蘭文明也是加分才藝。

反觀狗狗體味通常比貓還重，口水也容易把衣服弄得黏答答，叫聲還會嚇到客人或路過的窮人，有違穆斯林樂善好施的精神，以至於有「禱告時看到狗，禱告就會失效」的說法[7]。

所以狗狗基本上是進不去清真寺的，反觀貓咪，一家老小通通搬進去都沒問題。在伊斯坦堡，甚至流傳著如果殺死一隻貓，你就要蓋一座清真寺才能乞求真主原諒，這樣的差別待遇堪稱貓派的完全勝利。

最驚人的是，連惡名昭彰的ISIS伊斯蘭國內部的恐怖份子也一度興起養貓熱潮，後來才被高層以有損戰士形象為由禁止，考慮到貓咪真的很喜歡妨礙人類工作，如果不禁貓，我看ISIS遲早要倒。

想想真可惜，貓差點就能拿諾貝爾和平獎了。

你知道嗎？

梅毒以前在法國叫義大利病、在義大利叫法國病、在波蘭叫德國病、在俄國叫波蘭病、在荷蘭叫西班牙病喔

00:00

當梅毒在16世紀出現時，人類醫學甚至還沒有「病菌」的概念，自然不可能知道這怪病到底怎麼來的，所以當梅毒往世界各地蔓延開來時，人們總以為千錯萬錯都是they的錯：

當時法國人叫它「義大利病」
可在德國和義大利卻叫「法國病」
在波蘭人口中，這叫「德國人病⑧」
到了俄羅斯又被叫做「波蘭人病」
而荷蘭葡萄牙則說是「西班牙病」

在土耳其，穆斯林管它叫「基督教病」
遠在太平洋上的大溪地叫「英國人病」
傳到日本被稱作「唐瘡」
放眼全世界，當時大概只有中國沒有把球往外踢
把梅毒叫做「廣東疹」。

因為缺乏對性傳染病的正確認識與防治，加上作為解藥的青黴素到20世紀才發明，梅毒就這樣在人類歷史上肆虐了400多年。即便到現在，由於還是不存在梅毒疫苗，唯一預防方式，就只有做好安全措施──在性行為時正確使用保險套。

值得一提的是，在保險套剛發明時，法國人管它叫「英國帽子」，而英國人則稱呼「法國信件」⋯⋯真的是有完沒完啊？

你知道嗎？

下大雨在挪威叫「下著女食人妖」，
在南非叫「下著拿棍子的老奶奶」

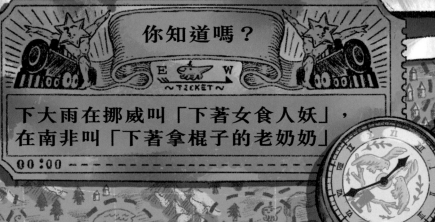

"It's Raining Cats and Dogs." 「下著小貓小狗」,是英語形容滂沱大雨的說法。確切由來目前已不可考,但有個滿合理的猜測是,由於古代缺少排水系統,一遇到暴雨轟炸,因大雨而死的貓狗,會直接被沖到路上,看起來就像天上下了貓貓狗狗一樣。而在歐洲各國也有類似說法:

像德國,也叫「下著小狗」
在法國,會說「下著牛尿」
在芬蘭,叫做「下著神的屎尿」
在葡萄牙叫「下著蛇和蜥蜴」或「下著小刀」

這些聽起來,都還在人類可理解範圍內
但下面要說的呢,就有點莫名其妙了:

比如荷蘭會說「下著菸斗」
在丹麥,叫做「下著小鞋匠」
在挪威,又稱「下著女食人妖/老巫婆」
在南非,則叫「下著手拿棍子的老奶奶」

不過最匪夷所思的,可能還要算哥倫比亞——在他們那裡,暴雨會被形容成「下著老公」,真好奇當地的已婚男性究竟是多惹人厭。

#廣東話則是講落狗屎喔

你知道嗎？

電影開頭的獅子吼，
其實是找老虎配音的

說到最經典的電影開頭，除了女神舉火把、探照燈唰唰唰、山頂看星星、還有FBI Warning以外，應該要算米高梅影業用了一世紀的獅子吼了。

這個大貓賣萌鏡頭，早期的確是原音重現，直到1982年有音效師嫌獅子叫聲很落屎，把配音工作外包給叫得更帶感的老虎，上面的大人物們這才驚覺「這聲好啊」。所以從此以後，米高梅電影片頭，用的都不再是正港獅子吼了。

除了米高梅，像迪士尼《獅子王》裡的辛巴叫聲，也是取樣自老虎、棕熊、F16戰鬥機、和一個中年男子的鬼吼鬼叫。啊如果你認真比對一下獅子與老虎的發音，也會發現獅子真實叫聲類似「哼哼哼哼」，有點像是高中花錢裝的很吵的排氣管，沒有老虎的「吼！」那麼有戲劇效果。

也因為好萊塢太喜歡幫獅子配音，導致很多人都不知道獅子實際上怎麼叫，我想獅子的心情，應該就跟每一隻聽到人類在旁邊喵喵叫的貓很像——

「喵的，我才不是那樣叫的咧」。

註：基於用途或情境的不同，獅子老虎的叫聲也有很多種，這邊指的都是威嚇或宣示領土用意的「咆嘯」（Roar）。

你知道嗎？

吃糖跟吸毒一樣容易上癮喔

如果從現在起逼自己不要吃糖，不用多久，你便會感到渾身難受、萬分沮喪、甚至開始懷疑人生。這種好討厭的感覺，又叫「戒斷症候群」，也是吸毒以後，最典型的症狀。

由於糖會挑逗你的大腦，使腦內獎勵系統持續分泌「多巴胺」。多巴胺是一種神經傳遞物質，可以令大腦感到幸福快樂，可一旦你習慣了這種愉悅感，以後再想中斷糖分攝取、讓多巴胺收工回家，就會產生強烈的失落感。

但光靠這招養套殺並不足以統治世界，糖更進一步把整套獎勵系統都給玩壞：它不僅增加了接收興奮感的受體濃度，還同時降低了用來抑制興奮感的受體濃度，興奮感難以被壓制、對糖的「耐受度」提高，結果就是要吃下更多更多糖，才能獲得滿足。

也因為糖拉高了幸福感的門檻，你會更難感受到其他獎勵帶來的小確幸，這種無糖不歡、認定「糖分才是正義」的依賴現象，其實跟尼古丁、鴉片或海洛因非常像——有研究指出，如果只考慮「成癮性」，那麼糖甚至比古柯鹼還要容易上癮，難怪有人認為糖根本是合法毒品。

啊你一定想問，像這種壞份子，為什麼政府沒想過要立法禁止？這主要是因為糖雖然很容易上癮，但對身體的危害並沒有真毒品那麼嚴重⑨，再加上管制成本實在太高，才沒有被禁止。

而且要是政府宣布禁糖的話，我想台南應該會直接宣布獨立吧？

你知道嗎？

頂尖的運動員，就連便便
都和別人不一樣喔

我們這些專練嘴巴和手指的體育鍵將,和真正的職業運動員到底差了多少?有位騎自行車只是興趣,研究微生物才是正業的斜槓科學家,在分析了頂尖運動員的排泄物後注意到:人家就連便便都和其他活老百姓不一樣。

研究發現,幾乎所有職業自行車手腸道內,都找得到能促進肌肉恢復的「普雷沃氏菌」,而一般人只有不到10%擁有這類菌叢。另外還有一類少見的「甲烷短桿菌」,也可以強化宿主的運動表現。

接著,這位很有guts的微生物學家,做了一個大膽腸試:利用「逆向灌腸技術[10]」,把職業車手的便便連同腸道菌送進自己肚肚。結果一個月後,他的運動能力果真起飛,甚至在職業自行車賽事中獲得優勝。(是說這到底算不算禁藥啊?)

雖然還不確定運動員是如何獲得這個外掛,但體內腸道菌會和運動飲食習慣交互影響,所以普通人即使透過移植,短暫獲得相同菌叢,只要沒能維持運動員的飲食作息及訓練量,也會像沒收工就罵髒話一樣失去特異功能。

因此,與其說腸道菌是運動員成功的關鍵,倒不如說是他們辛勤訓練的副產品。

我覺得這故事彷彿在提醒我們,運動員呈現給世界的「比賽結果」,也不過是他們生涯中一個偶然的特寫鏡頭。在每個動作、每吋肌肉、每次得失分背後,那些由淚水及汗水堆疊出的大量獨白,才是故事真正精采的理由。

既然好的結局從不缺少鎂光燈擁簇,也請大家不要忘記:每一個過程,都值得收穫更多的掌聲。

你知道嗎？

樹木其實是會「說話」的

00:00

有越來越多研究證實，樹木並不是這顆星球上沉默的多數。它們不但會溝通，還能形成社交網路，交換訊息甚至比撥接時代傳封包更迅速。

比如有種叫金合歡的植物，在被長頸鹿啃食後，會立即釋出一種化學分子警告附近同類，這警告能刺激其他金合歡產生單寧，讓葉子澀到難以下嚥，降低回頭客意願。

還有像森林裡的樹木，他們的根系，會和真菌在地底交織出龐大的「根菌網路」。這個網路除了可以用來共享水分和養分，還能傳遞乾旱或病蟲來襲等緊急信號，讓全體森林及時做出因應措施。

植物這種命運共同體的關係，其實遠遠超出我們過去的想像。有科學家就發現，森林裡的老木，除了會將養分經由網路移轉給後生小樹，還會不時挪動根節，讓小樹有空間舒展枝枒。

更驚人的是，德國曾發現一株白樺斷木，儘管枝葉全無，還是活了將近五個世紀，養分來源僅僅依賴其他同伴透過網路餽贈，這五百年的情份，真不知要在佛前求上多久。

到這邊我也忍不住想，我們之中有些朋友，常因為話少了點，就被人戲稱像根木頭，可漫佈在表淺言葉之下的那層深厚情根，往往才是他表露心意時的真實模樣。

換句話說，你以為的木訥寡言，也許只是因為還沒察覺，眼前的他，正默默訴說著不同的語言。

第一章補充筆記

1. 說到古時候有沒有「藍色」，一定會有人想到成語「青出於藍」。但按照東漢的《說文解字》，「藍」這個字在當時並不是指藍色，而是指一種能產出青色染料的「藍草」。也就是說，至少在公元100年以前，所有藍綠色系的顏色，大多還是用青色（或是蒼色）來概括的。但也因為中國藍染技術發達，到了唐代就已經能見到「藍天」這個詞彙了，比如杜甫「上有蔚藍天，垂光抱瓊臺」。（特別感謝陳冠榮博士補充）

   另外，現在的聖經譯本其實是能找到藍色的（祭司長袍規定須為藍色），但這個藍色在希伯來文的聖經原本是 tekeleth，指一種從海螺提煉出的顏色，具體是什麼顏色無法斷定（可能是藍紫色），但可以確定它並不是現在希伯來文所講的「藍色」，只是後世為方便理解翻譯成藍色。

2. 過去有些科學家認為，男性天生更喜歡偏藍的色系，而女性則更喜歡偏紅的色系，但這些研究並沒有排除文化因素。而後來的研究在進行跨文化比較後，幾乎都推翻了顏色偏好與先天性別間的關聯，認為後天文化影響更大。

   比如有研究拿英國人和印度人做比較，就發現印度無論男女，對於顏色的喜好幾乎是沒有共識，而科學家推測，這很可能就是因為印度種族與宗教太過複雜的緣故。另一項實驗，則找上一個與世隔絕的非洲部族，結果發現對他們來說，偏紅還是偏藍根本不重要，該部族不分男女，通通都喜歡「鮮豔（彩度高）的顏色」：只要夠紅、夠藍、夠黃、夠綠他們都愛。

3. 耶穌究竟是什麼時候出生的，在這兩千年來一直是個不解之謎，一來是因為聖經真的沒有明說，二來是因為不管講哪個月份，都有辦法找到一些間接證據。比如說也有人基於伯利恆冬天不一定會下雪，來主張耶穌還是有可能出生在 12 月。然而，會訂在 12 月 25 日這麼具體的日子，就的的確確是出於傳教考量了。

   也因為要方便傳教，自三世紀的羅馬主教把這天訂為耶穌生日後，這個節慶依舊保留了很多異教徒習俗（就像基督教進入中國時也要保留祭祖習俗），例如聖誕老人、聖誕樹、聖誕禮物和馴鹿，這些其實都是日耳曼人或凱爾特人的傳統，通通摻在一起，就形成今天你看到的耶誕節景象了。

4. 雖然鑽石在工業上還是有用途（例如鑽頭），但「工業級」的鑽石並不稀少，加上現在還多了人工鑽石這一個來源，所以鑽石在工業上的價值，並不如其它貴金屬。

5. idiot 這個字一開始並沒有什麼貶義，是經過了往後多種語言的借用與演化後，才慢慢具有負面意義。像在拉丁文，idiot 有文盲、沒受過教育的意思；中世紀法文則用這字表示愚笨，然後才有了英文中的「白癡」。

6. 不同種類的青蛙，皮膚分泌物也不盡相同，而原研究的主角是一種俄羅斯的棕蛙。據說生存環境越是惡劣的青蛙，皮膚的抗菌效果越好，然而有些分泌物對人體來說很可能有毒，所以在此提醒讀者千萬不要在牛奶裡面亂加青蛙。

7. 對穆斯林而言，所有的動物原則上都應該被善待，所以與其說他們討厭狗狗，不如說是穆斯林太喜歡貓了，這才形成強烈對比。

8. 準確來說，梅毒在法國是被稱為「那不勒斯病」（位於今天的義大利），而後兩行的德國人病實際上應為「日耳曼人病」，為方便一般讀者理解才直接講成德國。另外按照考據，梅毒當時應該是從印度傳入廣東。

9. 食物成癮和藥物成癮之間，其實有個很大差別：當我們進食完畢，胃會分泌激素告訴大腦吃飽了、產生所謂的邊際效應，導致蛋糕甜點吃得越多，會越覺得沒那麼好吃。但是藥物並不會有這種情形，這也是為什麼毒品危害終究比糖還大了。

10. 要強調一下逆向灌腸非常非常危險，因為一般人根本無法確認他人腸道健不健康，很可能會導致其他的疾病。

你知道嗎？

企鵝在睡午覺時根本叫不醒喔

如果說正常人類的鬧鐘長這樣：

早上 08：30

那企鵝的鬧鐘一定長這樣：

早上 08：15

早上 08：20

早上 08：25

早上 08：30

早上 08：35

早上 09：00

國王企鵝在睡覺的時候，只會對某些畜生的聲音保持警戒。比如虎鯨、巨鸌或象海豹發出的聲響——前兩者會吃掉企鵝，後者則會壓死企鵝（象海豹因體型巨大又稱極地壓路機），需要隨時小心警戒。

但除此之外，企鵝真的是怎麼叫也叫不醒。有科學家因此想出一個缺德企劃：在一個月內，每天按時找企鵝出乃玩。他們會以每分鐘一下的頻率去戳睡著的企鵝，實驗看看要戳幾下才能把牠們戳醒。

結果發現，如果是在晨間時段睡著的企鵝，大概戳個五下就能起床，可一到了下午場，足足要戳九下（十分鐘）才會醒來，推測是因為早上的危機比下午更多，需要多留幾分清醒提防提防的關係。

值得一提的是，這個實驗的初衷，單純只是科學家想搞清楚企鵝究竟是真的睡著了，抑或只是在閉目養神。我想企鵝真是萬萬沒想到，有天叫醒自己的，竟然不是夢想也不是虎鯨——

而是人類那機歪的好奇心。

你知道嗎？

蚊子其實會欺善怕惡喔

「**什**麼樣的人容易被蚊子叮呢？」這個問題，就像什麼樣的人容易吸引到渣男、容易被抓去教召、容易抽到 SSR 卡片一樣——答案眾說紛紜，而且大多毫無根據，往往也會讓人忍不住懷疑：「我就是這種人」。

但現在科學證實，的確有那麼一種人，會讓蚊子不想靠近而主動迴避——那就是曾經出手打過牠的人。

科學家透過實驗發現，蚊子具有嗅覺學習的能力，可以在「拍擊」與「氣味」間做出連結，再透過腦中的獎勵機制，來強化這層連結。

這意思是，蚊子可以藉由味道，來記住那些試著攻擊牠卻不幸失手的人，未來 24 小時內，只要再聞到相同氣味，欺善怕惡的蚊子就會避開這個人，找其他不會反擊的軟柿子下手。

經過實測，這種從學習能力衍生的驅蚊效果，和市售防蚊噴霧差不多。夠強的殺氣，竟然能化作防蚊液，可見打蚊子不怕不夠準、只怕不夠狠，蚊子老愛挑你叮，一定是因為你打得不夠用心啦。

你知道嗎？

母鬣狗的〇〇比公鬣狗還要大

雄鬣狗可以說是自然界裡，最有資格靠天男人真命苦的動物了
——在牠們的母系社會中，男生豈止下賤，那個身分地位真叫連狗
都不如（鬣狗在分類上與貓科動物關係更近，真的不是狗）。

鬣狗的族長皆由最能打的雌鬣狗擔任，這位最強最惡的女王，又稱
「阿爾法雌性」，而且在鬣狗社會，不只女王本人高高在上，任何
雌性的地位，也都比雄性還要尊貴，連最低階的雌性都能壓過最高
階的雄性。

為了貫徹這種雌性浪漫，雌鬣狗甚至演化出一種很屌的武器，就是
在兩腿間直接長出一條「偽陰莖」：雌鬣狗在成長時，陰蒂會不斷
延伸成長條狀，最長可達18cm，看起來就跟真的一樣棒。

每次交配前，雌鬣狗都得先把假陰莖往內收（大概像穿襪子前先翻
一下的那種收法），雄鬣狗才算是獲得許可，得以長驅直入，雌性
也就能完全掌握交配主導權了。此外這種假陰莖，還附帶社交作用
——因為勃起的陰莖，在鬣狗社會是一種軟弱的象徵，所以當低階
雌性想討好上面的大人物時，也會將陰莖勃起表達自己的順從。

也因為鬣狗使用陰莖的方式如此前衛，自古以來常被誤會是同性性
行為，而飽受衛道人士抨擊[1]，雖說如今看似還了鬣狗一個公道，
不過這種女生都有大○○的設定，根本比同性戀還要刺激啊？

古人真是太缺乏想像力了

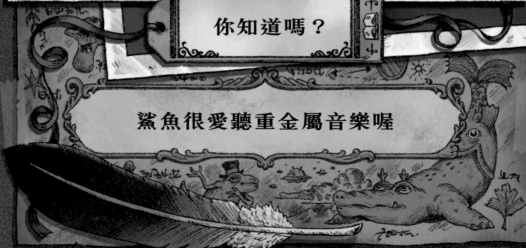

你知道嗎？

鯊魚很愛聽重金屬音樂喔

在某次鯊魚實驗中，科學家不慎引發了一場意外⋯⋯

好大家不要緊張，他們只是意外發現，只要在海面上播放重金屬音樂，竟會吸引鯊魚鬥陣來做伙。

這要先說到，除了嗅出鮮血的氣息，鯊魚還會透過「側線」這個感官器官，來探測水中聲音、鎖定獵物蹤跡。

而重金屬音樂裡飽含的低頻聲響，很可能和魚群在掙扎時的曲風類似，所以不論演奏的是黑金屬還是死亡金樂，其實都是很對鯊魚胃口的美食系重金屬，一旦牠們察覺，就會湧進搖滾區一探究竟。

專家也指出，以往做實驗時，多得獻祭新鮮血肉才能把鯊魚召喚出來，如果可以用舉辦重金屬演唱會的方式取代，不只會降低研究流程對生態系統的影響，也能避免鯊魚因嗜血而變得非常過動，害研究人員暴露在受傷的風險中。

不過這也表示，以後鯊魚在被人研究時，就只能乖乖當義工，連口吃的都沒有，我想未來鯊魚爸媽，可能得這樣告誡小孩：

「音樂，是不能當飯吃的啊。」

#爸媽都是為你好啊

你知道嗎？

割草的氣味其實是植物在喊救命！

所有植物在受傷以後，都會釋出一種綠葉揮發物（GLVs），GLVs 含多種氣味獨特的醛類及醇類，混在一起後，便成了你熟悉的割草味。

綠葉揮發物的作用有很多，像刺激傷口上的新細胞生成，或是抵抗細菌、防止傷口感染，還有向周圍發出求救信號。

有些揮發物散播到空氣以後，可以警告鄰近植物即時作出防禦，比如說當某株植物的花朵遭到動物破壞時，旁邊植物就能透過揮發物得知這個消息，再迅速將養分轉往根部以降低傷害。

除此之外，有些植物在遭到小蟲啃咬時，會釋出能吸引其他肉食昆蟲的揮發物，藉此獲得免費的 debug 服務。

然而，對大多數的草食動物來說，這個嗅覺信號，其實就等同新鮮現採，這對早期靠採集維生的原始人來說也是如此，於是尋覓新鮮食物的本能，或許也隨著演化逐漸在基因中刻下了對草味的獨特偏好，順便構成了你這麼喜歡香菜的理由——是的，綠葉揮發物中的醛類，正是香菜最重要也最迷人的氣味來源。

但換個角度想，明明沒事也在亂喊救命的香菜，對其他植物來說根本就是放羊的孩子吧？

#香菜不要說謊啦

你知道嗎？

80% 的公海豹一輩子都是處男，但剩下 20% 一生會和 250 頭母海豹交配

動物的求偶競爭，其實比你想像的更慘烈更無情。所以即使扣掉螞蟻蜜蜂這些習性特殊、只有權貴階級有生育能力的社會性動物，自然界還是存在不少可撥仔終身無法脫處。

比如象鼻海豹正是一個血淋淋的例子。

研究發現，雌性象鼻海豹只收菁英，絕不接受垃圾，擇偶條件開得非常嚴格──唯有那些最精銳、最能打的雄海豹，才可獲得牠們青睞、受邀繁衍下一代。

相對的，雄海豹一旦打上菁英，從此就能縱橫情場，躋身大眾情人，被翻牌的頻率直逼歌舞伎町夜之帝王，一生約可和250頭雌海豹勾勾纏。

然而在所有的雄象鼻海豹中，這種豹生勝利組僅僅只占兩成，其他80%通通算是被選剩的孩子，等待牠們的結局，只有母胎單身一輩子。

雖然聽起來好像很可憐，但象鼻海豹約在5歲達到性成熟，而平均壽命其實不到15歲。換句話說，牠們保持處男的歲月，最多也就十年，根本連轉職魔導海豹的資格都沒有。

從這個角度看，誰比較可憐還真的不好說啊[2]。

你知道嗎？

人類是唯一有肥胖問題的靈長類喔

對猩猩猴子這些靈長類同胞來說，肥胖往往不是一個值得困擾的問題——野生猿猴平均體脂只有10%，即便被豢養、整天努力把自己吃胖，最多也不超過25%，反觀在座各位輕輕鬆鬆就能突破30%。

更過分的是，這些猩猩猴子運動量也不高，相較都市人每天建議要走上8公里才健康，一頭母黑猩猩只要很chill的走一兩公里，就可以擁有體脂5%的健美級身材。

所以你一定想問：人類沒事存這麼多脂肪幹嘛？

透過化石證據，科學家猜測人類變胖的契機，可能跟智人在演化時腦容量加大三倍有關——為了穩定供應這顆大大腦所需要的能量，人體於是追加一個更容易囤積脂肪的設定。

此外，因為肌肉會消耗更多卡路里，人體還順手砍掉了很多要分給肌肉的預算，可就算肌肉比例更少，人類每日基礎代謝量，還是比猩猩高出約一碗大魯（500大卡），可見你的那顆大腦吃得有多兇。

但這也表示，困擾現代人的脂肪儲存機制，或許正是人類能戰勝其他物種的重要武器——把腦看得比肌肉重要，才有辦法征服地球。所以從演化角度看，你真的該對自己的胖感到驕傲：你肚子裡裝的豈止是脂肪，而是人類的終極智慧啊！

你知道嗎？

黑豹因為長太黑很難交到朋友喔

你知道地球上其實沒有一種動物叫黑豹嗎？

許多貓科動物都有機會出生全身黑的孩子，例如花豹或美洲豹偶然生下的「黑子」，就是我們俗稱的黑豹了。換句話說，黑豹和黑貓一樣，並不是一支獨立品種，只是某一種豹的「黑色限定版」。

黑豹的生存優勢其實不小，黑色毛皮除了便於在夜間匿蹤，在白天時的吸熱效果也會比較好，吸熱好升溫快，就能跟寄生蟲說掰掰。

但即使黑豹這麼有競爭力，在演化中卻始終是少數——以非洲花豹為例，黑豹只佔總數的 10%，比人類當中的左撇子還少，而原因很可能，就是因為黑豹的臉太黑。

許多貓科動物的耳尖，會綴上一些白色斑點，讓牠們可以藉由抖動耳朵來傳達訊息。可是黑豹因為臉太黑、斑紋不夠明顯，同伴常常看不懂牠到底想表達什麼，溝通有障礙，自然找無對象談戀愛，黑豹的數量才因此衝不起來。

臉黑的苦，黑豹真是想說也說不出，我想這也真正詮釋了什麼叫不白之冤吧。

你知道嗎？

海龜的淚腺比大腦大20倍喔

海龜或許是世界上最愛哭的動物了。

海龜每天到要吃到和自己一樣重的水母，而水母的身體約有95％是水、3％是鹽分（基本上就是一坨會呼吸的海水）。如此換算下來，一頭150公斤的海龜每天要吃掉近5公斤的鹽，的確有資格說牠吃過的鹽，比你阿公吃過的飯還要多。

也因此，海龜長出了非常發達的淚腺，幫牠排掉超標的鹽分——有多發達呢？這個淚腺，比大腦還要大上20倍[3]。

結果海龜不只哭點超低，眼淚還是超濃鹽水、絕不是什麼珍珠，讓人忍不住懷疑，海水會這麼鹹，會不會就是因為海龜整天QQ。

雖然海龜這麼愛哭，但相信我，要是敢隨便碰牠，你很有可能，會哭得比海龜還要慘——

只要手賤摸一下海龜，不只有可能破壞海龜身上的黏液、害牠們受傷甚至感染，而且根據野生動物保育法，這還構成騷擾保育類野生動物，得處6萬以上、30萬元以下罰金，去海邊潛水時，提醒各位千萬要注意喔！

你知道嗎？

以前的香草口味，
是用河狸的肛門分泌物做的喔

你可能沒見過河狸本人，更不可能聞過河狸的肛門，不過那個味道，你肯定不會陌生——因為河狸的菊花味，就是一股濃郁的香草味。

大部分動物的分泌物，都會有細菌寄居其中，產生非常難聞的臭味（養過貓的都懂）。但河狸牌肛門腺分泌物，添加樹皮樹葉等天然草本配方，品質與他牌肛門腺分泌物那是大大的不同。

而因為製作流程炸麻煩，純天然的香草既稀少又昂貴，於是味道神似香草的河狸牌肛門腺，就跟著雞犬升天，一度被視為高級香料，添加在冰淇淋、糖果或優格等食品裡。

不過想收成河狸牌肛門腺分泌物，需要先把河狸麻醉以後再手工擠取，根本無法應付食品工業的海量訂單，因此在 1980 年後，除了一些高檔香水、食物的香草口味，幾乎都以人工香草取代了，河狸的肛門才終於能卸下重擔退休養老去④。

這下不只是河狸的子子孫孫，我想就連看到這的讀者也是大大鬆了一口氣啊。

你知道嗎？

海豚會幫自己取名字喔

名 字，是分辨每個個體的記號，對高智能的社會性動物來說非常重要。而在已知世界中，所有個體皆有名字的物種，除了人類和嵌合蟻外，大概就只有海豚了。

科學家先從海豚的日常咖啡話中，節錄了幾段可能有提到名字的對話，再把這些錄音片段向海豚們重複放送。結果發現，每當海豚們聽到某豚芳名時，都會一臉「欸欸叫你啦」轉向特定的同伴，證明每隻海豚都跟史公子一樣有個名字。

但海豚的名字，並不是爸媽或算命的取的，而是每隻小海豚在長到能聽能說時⑤，自己去註冊一個公開名稱。有了名字以後，不管在海中遇到危險還是迷了路，都能像在百貨公司走丟的小朋友一樣免著驚——只要大聲廣播自己名字，親友團就會趕來護航了。

此外，小海豚在替自己命名前，還得先熟悉一下周遭長輩的名字，以避免「此名稱已有人使用」的問題，所以應該不至於出現什麼「Oo 小 o 海豚 oO」或者「小海豚 5566」之類的詭異暱稱，但既然是小時候取的、而且一輩子不能改，我想可能還是有些海豚在自報名號時，會覺得當年取的綽號怎麼這麼丟臉吧？

卍煞氣a小海豚卍

你知道嗎？

蜂蜜其實是蜜蜂的嘔吐物喔

當蜜蜂吸完蜜後，會先將花蜜吞進蜜胃裡，再帶回蜂巢與同伴分享。可因為新鮮的花蜜水分及雜質太多，所以蜜蜂回家後，還要先用自己的口水把蔗糖轉化成分子更小、更適合給小朋友吃的果糖及葡萄糖。

接著，蜜蜂們會不停搧動翅膀、提高巢內的溫度，藉此加速水分的蒸發速率。透過這個祖傳工法脫水後的蜂蜜，不僅濃醇可口，而且幾乎不會腐化。但也因為質地太濃太稠，當蜜蜂要再把蜜從蜜袋取出時，需要半分鐘以上才能全部吐光，過程可以說是相當費工，但畫面也可以說是非常不美觀。

這就是你喝到的那些不純砍頭的純蜂蜜——先進到胃裡、再嘔嘔嘔吐出來，看起來跟嘔吐物沒什麼兩樣。

然而，蜜胃並不屬於消化器官，它的唯一功能就只有儲存新鮮花蜜，因此這個操作比起嘔吐，更像是慈愛的父母，為了方便孩子吞嚥而先把食物嚼爛，這樣講的話，是不是就不會噁心到你，反而會覺得甜在心裡了？

要是這樣就覺得噁心了，那我怎麼敢再跟你補充，那些供蜜蜂採蜜的花朵，其實都是植物的生殖器官啊？

你知道嗎？

沒腦的水母也需要睡覺喔

動物為什麼要睡覺？過去科學家猜想，睡眠的主要作用，是讓大腦重開機好刷新記憶。所以動物會睡覺，是基於大腦有這個需要。

但我們來看看水母是怎麼說的：這種動物全身有 98% 都是由水所構成，沒心沒肺、既沒骨頭又沒腦袋（真不是在罵他），當然也沒有任何認知或是記憶能力。

水母身上，就只有負責反射動作的神經細胞，所以牠的人生沒有太大追求——就是吃拉撒，只要每天不斷地收縮身體、製造水流，持續吸進食物並排掉廢物便可存活，堪稱比貓還廢的終極耍廢生物。

起先科學家注意到，每到夜晚，水母收縮身體的頻率就會大幅下降，為了進一步確定牠這時候真的是在睡覺，科學家每隔 20 分鐘就會戳一下水母，像半夜睡不著的女友那樣去煩牠「欸欸你睡著了嗎？」

這樣戳了幾晚後，水母的行為越來越反常，對於外界刺激的反應也越來越遲鈍，就和長期被剝奪睡眠的動物一樣衰弱，證明了水母不只會睡覺、而且需要睡覺。[6]

水母的故事告訴我們，即使什麼都沒做，整天耍廢甚至沒在用腦，也是會想睡覺的。我想這足以證明，光是活著就是十分累人的一件事呢。

你知道嗎？

大象會幫在野外迷路的人類
蓋被子喔

根據當地部落流傳的故事，以及國際動物組織的觀察紀錄顯示：如果你一個不小心，在大象的領地裡睡著了，這些尊貴的王者，就會化身為溫柔的巨人，一邊在心裡輕嘆著「這孩子真是的」，一邊用鼻子徐徐替你蓋上被子。

曾經有位迷了路的非洲阿媽，因為扛不住睡意的夜襲睏倒在樹下，朦朧之間，她忽然感受到陣陣奇異的撫觸，睜眼才發現身旁已被一群大象所包圍。

神奇的是，這些大傢伙似乎也不願驚醒阿媽，只在她身上輕輕蓋了些樹葉枝條便悄然離去。直到隔天，心急如焚的家人終於找到阿媽時，卻見她神清氣爽、渾然不像被魔神仔牽走，這段奇幻際遇遂在當地傳為佳話。

雖然目前還不確定大象心裡怎麼想，但科學家推測可能是出於哀悼之情──大象是地球上少數會舉行葬禮的動物，牠們會將同伴的屍體埋在樹葉之下，並圍繞在墓地周圍哀悼好幾天。

而一個睡著的人類，在大象的眼裡跟死了沒有區別（成年大象並不會躺著睡覺），所以幫人類蓋被被的暖心舉動，或許是願他們能就此長眠。

有趣的是，貿然闖然進入大象領地的人類，其實很容易受大象的攻擊，但一個疑似死掉的人類卻能享有如此禮遇，可見大象似乎也懂得「人死為大」的道理──否則這個故事的結尾，就不會是大象幫人類蓋被子，而是大象替人類拔牙齒吧？

第二章補充筆記

1. 在非洲,不同部族對於鬣狗性別會有不同的解釋,但多半認為鬣狗為雌雄同體、或獨立於男女外的第三性,是邪惡不潔但具有強大力量的象徵。至於中世紀歐洲,百科全書甚至沒有對鬣狗訂下性別——他們以為所有鬣狗都是同性戀,而且還常藉此抨擊人類同性戀。

2. 人類當中,究竟有多少比例是處子之身?這對科學家來說其實是相當難回答的問題。因為從生物學來說,所謂失去童貞,指的是第一次進行「以繁殖下一代為目的的性行為」。但如果研究標的是人類,這個詞彙會變得相當難以定義,導致難以得出精確數據:例如不孕者或性少數之間的性行為,究竟要不要被排除?

   如果單純是有「有生育可能的」性行為,那依照美國的數據,在 25

到 29 歲的成年人中，只有 5% 的人從未發生過性行為。而按照日本的研究，30 歲以上的未婚男性有 25% 從未有過性經驗。所以比起那些象鼻海豹，我們的確是擁有更多的機會沒錯啦。

3. 住在海邊的動物，為了要維持體內滲透壓的平衡，多半具有用來排除鹽分的「鹽腺」。比如海鳥的鹽腺長在鼻孔附近，而蜥蜴和蛇多半在嘴巴或鼻孔旁，只有海龜比較特別，長在眼睛旁邊的淚腺裡。另外要順便補充的是，海龜屬於相當古老的海生爬蟲類動物，比起鳥類或哺乳類，大腦的比例更小。所以海龜的淚腺能長到大腦的 20 倍大，也要怪牠們的腦子太小啦。

4. 其實大概在 80 年代前，天然香草的產製，就比河狸肛門腺有效率了，這也是後來河狸肛門會失寵的原因之一，並不只是因為人工香草發明。

5. 海豚很聰明大家都知道,但牠們的語言能力其實也非常驚人,科學家發現,海豚的對話裡,常常會提到其他不在場的海豚,堪稱自然界有名的八卦仔。而在《人類大歷史》這本書裡有個重要論點,就是智人能統治地球,跟這個「講八卦」的能力有很大的關係——懂得講八卦,就能傳遞更複雜、更抽象的訊息,才可以據此衍伸出更多元、更龐大的合作模式。不過在海裡講八卦,和在地上講有個很大區別:水中傳遞效果太好,很容易被當事人聽到,也許就是這個技術性問題,海豚才沒能和人類一樣統治世界吧。

6. 過去會認為睡覺是基於大腦需要，其實是因為有科學家注意到，雖然構造非常原始的線蟲需要睡覺，但比牠複雜許多的海星卻不需要睡覺，而牠們的差別，正是線蟲有腦而海星無腦。可既然從水母身上證實了睡覺和有沒有腦沒關係，那相關實驗的下一步，是想繼續找出構造更簡單的動物，實驗看看他們是不是也會睡覺——他們的下一個目標就是海綿。

目前科學家推測，海綿連神經細胞也沒有，而且牠的生理活動，就算睡著也能做，所以海綿要嘛就是一直睡不用醒，要嘛就是一直醒不用睡。順帶一提，章魚和海星海綿不一樣，章魚是需要睡覺的喔。

你知道嗎？

橘貓是所有貓中最不怕死的貓

科學家發現，在所有貓當中，橘貓不只最胖，也最容易領便當——因為祂們總是比其他貓更敢衝不怕死。

這要先說到，橘毛基因跟性別有關，所以公橘貓的比例，比起女生要高出很多。而且橘貓 boy 往往比其他公貓還要壯碩（所謂大橘為重是有科學根據的），反觀橘貓女孩卻比其他母貓更輕。意思是，橘毛基因其實會強化性別特徵，這在生物學上，又叫「雌雄異型」。

除了男胖女瘦，有科學家耗費大量時間認真研究了數十個野貓幫派後發現：橘貓在農村裡通常非常活躍，但在都市地區卻比較少見。

這顯示，橘貓個性很適合幹大事，祂們比其他貓膽子更大、而且更有侵略性，能在相對安全的鄉下農村維持優勢地位，可這種少年漫畫主角命格，到了危機四伏、人情淡薄的都市區，反倒容易出意外。

有趣的是，由於橘貓具備一身好膽識，接觸生人不太會膽怯、很容易親近人類，難怪大家對橘貓的印象特別好。[1]

其實好奇心，正是這樣迷人的兩面刃：在面對未知時，有人為了安全裹足不前，也有人為了找到答案而跨出去一探究竟。儘管這沒有對錯、只是生存本能上的拉鋸，我們還是得承認，那些勇於追求答案的人，往往都能跟橘貓一樣收穫最多掌聲。

而怪奇事物所一直以來，就是這麼看待所謂的冷知識——不熟悉的事物並不可怕、更不會無聊，隨時抱持膽大而好奇的精神，你會發現，揭開未知後迎來的真相總是迷人。

你知道嗎？

松鼠能聽得懂鳥類的警告喔

每當松鼠聽到有老鷹在天上鬼叫，就跟你聽到媽媽在喊你全名一樣知道要怕——牠們會馬上把皮繃得很緊、開始尋找掩體以確保生命安全。

但科學家注意到，這些怕死的松鼠，有時候會戰戰兢兢小心翼翼好一陣子，有時卻能迅速解除警報、然後馬照跑舞照跳。這讓他們很好奇：松鼠是怎麼確定老鷹走了？

經過實驗證實，原來聰明的松鼠，會偷聽其他小型鳥嘰嘰喳喳的閒聊八卦，來判斷老鷹到底走了沒。因為這些小型鳥和松鼠一樣得提防老鷹，而且小鳥離得更近、看得更遠，如果連牠們也判定安全，那就真的沒問題了。

這個發現讓科學家嘖嘖稱奇。松鼠竟然懂得透過多種不同的信號，來綜合判斷環境是否還存在著危險[2]，也再次提醒各位第二外語的重要性——也許有一天它真的可以救你一命！

你知道嗎？

野牛會投票決定他們的未來喔

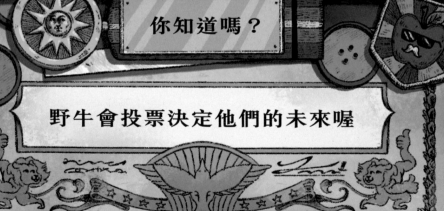

如 果今天要選一隻民主神獸，那本所首先會提名歐洲野牛。這種動物的投票方式很簡單，牠們會先把身體轉向想去的地方——想吃草就面向草原；想喝水就面向水源，等到轉向相同目標的野牛達到一定數量時，其中一頭野牛，就會大膽地朝那方向踏出第一步。

第一頭領隊牛牛，以年長母牛居多，可實際上沒有資格限制，誰想當都可以。反正只要被多數接受，全族都會跟牠一起走。

雖然牛群偶爾會因為無法取得共識，讓大部隊短暫處於分裂狀態，但不用多久，野牛們又能夠重新團結，再用新一輪投票決定未來去處。

於是歐洲野牛的命運，就在這樣的走走停停中不斷前進：牠們不靠政治人物，便能自己做主；不用辦選舉造勢，也能找出最大共識，這其實正反映了民主是怎麼一回事。

民主，不僅只是一種決策機制，更是整個社會都認同的生活方式。民主的價值，並不在分出輸贏的瞬間，而是在重複溝通，以及尋求共識的漫長過程中實現。

所以縱使這過程總是效率低落又慢如牛步，我們依舊會對一個民主社會的未來懷抱信心：投票過後，明天的生活照樣要過；選舉結束，下一輪的民主也已經起步，所以請大家千萬不要忘了，要持續在生活中落實民主。③

你知道嗎？

小丑魚長大以後就會變性喔

小丑魚在出生時，全部都是雌雄同體，同時具備兩種性別的生殖系統，直到長大以後才決定要當男生還是女生。那小丑魚的志願究竟該怎麼選呢？一般來說，家中個頭最大的那個，當女生。

這也許是因為雌性動物的生育責任重大，需要最優秀、最強大的個體才足以勝任。此外當遭遇某些特殊情況時，公魚還能再次轉換自己的性別。例如當小丑魚媽媽過世以後，小丑魚爸爸為了承擔她的職責，就會把自己的生殖構造轉變為雌性[④]。

如果只是父代母職，這個故事到這裡還算相當溫馨，但小丑魚爸爸在變成媽媽以後，甚至還能和自己的孩子交配，繼續繁衍下一代，這劇情真是急轉直下得讓人不知所措。

不過我覺得，小丑魚的故事也是在提醒我們：一個人的可能性，不該被性別定義。想要準確評價一個人，他的選擇、能力、以及行為，總是先於與他生俱來的性別特質，更應該被重視。

同樣地，即便爸爸穿著裙子、媽媽留著鬍子，他們的偉大，也不會隨著性別轉換而消逝——因為替家人付出犧牲、為家庭承擔職責等決心，都和他們男是女、該被叫爸爸還叫媽媽沒有什麼關聯。

我始終相信，只要懷抱無條件愛著家人的決心，那無論是什麼樣的組合、也不管有沒有血緣關係，都不妨礙他們認定自己是一個家庭。

希望這個社會對家庭的期待，不會被性別限制了想像。

你知道嗎？

母雞可以跟
蛋裡的小雞寶寶溝通喔

在 小雞尚未孵化、連毛都還沒長齊前，其實就已經可以與蛋外的爸媽建立熱線。

科學家發現，雞媽媽生產時，會預先在蛋裡留言，提前跟小雞劇透一下破殼以後，牠們將面對怎樣的親子關係：

如果父母很樂意照顧孩子，那小雞出生後就更喜歡哭天——因為牠們知道會吵的小雞才有糖吃。相反地，如果雞媽媽有事先告誡孩子：「雞，一定要靠自己」，那牠們出生以後，就會懂得哭不能解決問題，不如蛋定些省點力氣。

此外，如果外界環境不太安全，雞爸媽還能直接用聲音對蛋中小雞示警，要牠們出來以後把皮繃緊一點不要太浪，而此時收到警告的雞蛋，也會透過震動來表示訊息已讀。

看到雞家的親子關係如此融洽，也提醒我們在家庭教育中，溝通的重要性尤勝打罵，畢竟如果雞蛋裡的小雞不聽話，我還真不知道雞媽媽該如何處罰牠……可能也只能罰牠禁足吧？

你知道嗎？

海豚擁有超強的再生能力喔

海豚的復原能力非常強，簡直可以說是會游泳的金鋼狼：有研究發現，就算是籃球那麼大的傷，海豚也只要幾週就能癒合得跟沒事一樣。

因為海豚的幹細胞功能強大，被破壞的組織細胞，都能快速成長分裂，所以傷口癒合後，皮膚也依舊光滑不留疤（意思很像是蜥蜴能再生牠的尾巴）。

而且為了長時間潛水，海豚可以截斷身體的血流，讓血液暫時集中在重要部位，即使傷口再大，也不用擔心會大量失血。

除此之外，大部分動物在重傷後，都會因為疼痛而導致行為模式改變，可由於海豚能分泌類似嗎啡的化合物，就算受了重傷，吃飯睡覺也一切正常。不太流血、不會留疤甚至不怎麼痛，海豚真是失戀男女的精神模範。

更厲害的是，基於我們的生理構造相似，這神奇的海豚嗎啡[5]，推測對人類也有效，而且還很可能不會有成癮的副作用，考慮到它的成分很純、很天然，我想是滿值得期待的啦。

你知道嗎？

睡鯊可以活到 500 歲喔

格陵蘭鯊，又叫做睡鯊，是現存最長壽的脊椎動物。目前發現的睡鯊中，最老已經活到 500 歲了——在牠小時候，陸地上的人類甚至還在在高喊「反清復明！」

睡鯊不只活得老，老化速度之慢，用人類角度來看，簡直就像凍齡一般，牠們大概要長到 150 歲才會達到「性成熟」。這意思是，沒活超過一個半世紀的睡鯊，都只能叫做睡鯊小美眉和睡鯊小底迪，反觀人類的性成熟約發生在 14 歲，而且大概 25 歲後就會步入老化了。

睡鯊的青春保存期限為什麼能這麼長？首先是因為睡鯊活在海面下 1300 公尺處的深海，那裡不但環境單純、與世無爭，而且水溫接近冰點——有科學家認為如此低溫有助減緩新陳代謝，堪稱是真正的凍齡秘訣。

另一個關鍵是要慢、很慢、非常慢：睡鯊不管做什麼都真的有…夠…慢……，身為一條鯊魚，游泳速度竟然比人類還要慢，時速只有 2.6 公里（人類約 8 公里）。而且睡鯊長得也慢，每年大概只長 1 公分，相較之下人類的指甲一年都不只長 1 公分。[6]

說到這你也可以順便想想：每天橫衝直撞的老鼠，平均壽命 5 年；每天追趕跑跳的狗狗，平均壽命 12 年；每天穩重踏實的大象，平均壽命 60 年；每天緩步徐行的烏龜，平均壽命 100 年；每天彷彿靜止的睡鯊，平均壽命 300 年。你各位汲汲營營的人類若想得活久一點，或許可以考慮活得慢一點啦。

你知道嗎？

黑猩猩的床可能比你的還要乾淨

這個世界上分成兩種人：絕不允許有人在床上吃東西的人，和覺得躺在床上吃東西才是懂享受的人（這些人會堅稱自己絕對不會掉屑屑）。

黑猩猩很明顯屬於前者。牠們對床的態度，和飯店一樣戰戰兢兢，不但每天都要重鋪一個新的（日拋式），在床附近吃飯或便便時也會十分小心，唯恐玷汙了這個神聖的睡眠殿堂。所以單從清潔習慣上來看，黑猩猩的床其實比人類的還要乾淨⑦。

科學家檢測後發現，雖然和其他動物一樣，黑猩猩身上也攀附了不少髒東西歹物仔，但牠們的床上，幾乎找不到任何寄生蟲，而且只有 3.5% 的細菌是來自自己。

反觀人類的床上，大概有 40% 的菌株，是從自己身上移民過去（習慣不好更多），還不時會有蟎蟲或跳蚤一起睏鬥陣，髒到連黑猩猩看了都膽戰猩驚。

啊不過，考慮到某些人使用床的方式，已經超越了人類甚至動物的理解範圍，我猜黑猩猩可能根本就認不出來，原來那是可以睡覺的地方吧？

#比如把床當衣櫃然後自己睡地板這種

你知道嗎？

火雞媽媽不用受精
也能生出小火雞喔

「**我**一個人也能過得很好」這話由母火雞來說，非常有說服力——因為她們光靠自己就能獨立繁衍後代。

要知道，雖然一般母雞也能獨自下蛋，但只要沒受精，你孵一輩子也孵不出小雞。然而研究發現，有種野生火雞下的火雞蛋，就算沒受精也能生出小火雞。

野生火雞生存的環境通常很惡劣，或許是為了解決找不到伴導致的少子化問題，母火雞於是演化出能獨自繁衍後代的能力，這種單性繁殖現象，又被稱作「孤雌生殖」[8]，對高等動物而言非常非常罕見，但在這種野生火雞身上卻時有所聞。

更奇妙的是，和單純的無性生殖不同，這些單親家庭的小火雞，百分之一百會是公火雞，所以你也不用擔心，會不會有一天，全世界的母火雞都受夠了公火雞，那地球最後就只剩下母火雞了。啊不過呢，要是哪天母火雞對你說「全天下男人都死光了我也不會嫁給你啦！」

嗯，你要相信她說的是真的。

你知道嗎？

懶猴幾乎不會喝醉喔

包括你各位人類在內，大部分的猩猩猿猿猴猴狒狒都喜歡喝酒，也都可能出現酗酒或酒後亂性等飲酒問題，只有懶猴算是一個少見的例外：

懶猴不僅愛酒，而且千杯不醉。

這要說到，在靈長類動物體內，有種能幫助代謝掉酒精的「醇類脫氫酶」（ADH4）。ADH4 有好幾款突變型，代謝效率都不一樣，而最強和最弱的版本相比，效能差了 40 倍，我想應該是可以把什麼 96% 生命之水當淡啤酒喝。

雖然還不確定懶猴到底是第幾型，但上一個試圖把牠們灌醉的科學家，追酒追到酒館對他打了烊……總之沒有成功啦，你們千萬別小看懶猴千杯千杯再千杯的決心。

除了懶猴，指猴也是酒空代表，牠們日常飲食有四成是發酵的花蜜，雖然這些蜜的酒精濃度跟啤酒差不多，但如果你一天的熱量有 40% 要靠啤酒補充，那每天都要乾掉一手台啤（6 到 8 罐），從人類角度看，這無疑就是酗酒。

但正因為指猴代謝酒精的效率一樣很強，牠們這輩子可說是有輸過沒醉過，相較之下，曾經有研究指出人類每周喝超過 7 罐啤酒，就會提高失智的風險，所以建議大家：最好認清自己是隻其實不太會喝的猴子，切記理性飲酒，不要喝太多。

你知道嗎？

公獵豹光靠喵喵叫
就能讓母豹排卵喔

一般來說，雌性動物的排卵機制分成兩種：一種是「自發性」，會在固定時間規律排卵；一種是「誘導性」，要透過特殊刺激，特別像是交配等外力影響才會排卵。

例如公貓生殖器上長滿的倒刺，就是為了在交配時刺激母貓排卵（這超痛）。另外雖然有些人聲稱看到帥哥會大排卵，但人類女性可是道道地地的排卵靠自發，所以妳家姨媽才會每個月固定來打卡。

至於今天要說的獵豹，雖然也是一種大貓，但過去一直沒人知道牠們究竟什麼時候排卵，既沒有固定週期，也不是在交配中被喚起，難道只有感覺對了才可以？

後來終於有科學家注意到，每當公獵豹發出一種奇異的喵喵叫，周圍母豹就有很高的機會在未來幾天受孕，才進一步發現，這是因為在聽到這種愛的呼喚後，母豹體內和發情或排卵有關連的性賀爾蒙——例如動情激素、黃體素助孕酮都會立刻噴發，從而刺激母豹排卵[9]。

像這樣靠聲控啟動的繁殖機制，在哺乳動物中可是非常非常罕見，我想，這也是少數經過科學認證的——

能讓人懷孕的好聲音。

你知道嗎？

白蟻是從比較顧家的蟑螂
演化出來的

就像凱蒂貓不是貓、單身狗不是狗，白蟻，其實也不是一種蟻——牠們跟蟑螂關係更親密。

除了有驗過 DNA 證明親戚關係，科學家還發現，白蟻用來消化木頭的腸道菌，在某些愛啃木頭的蟑螂肚肚裡也能找到。

腸道菌能透過某種特殊的行為，從一起生活的同類身上繼承，而這個行為呢，剛好也是蟑螂很自豪的求生秘訣——吃大便。所以這背後的故事可能是這樣：

數千萬年前，蟑螂家族中出一批異端份子，為了把消化木頭的腸道好菌世世代代傳下去，牠們決心不再浪流連，要帶妻小逗陣浪子回頭。這些愛家顧家、用屎照顧全家的巨蟹座蟑螂，最後就逐漸演化成具有社會性的白蟻了。

因此，螞蟻在分類上屬於「膜翅目」，至於白蟻則和蟑螂一樣被分在「蜚蠊目」[⑩]。要是你仔細看的話，也能發現白蟻長得的確更像蟑螂。考慮到白蟻如今也爭氣到位居世界五大害蟲，我想當年那些為家人犧牲奉獻的蟑螂祖先，一定會對自己的正確決定感到欣慰的！

第三章補充筆記

1. 雖然基因研究上的結論，能證實人們對特定毛色貓咪的印象：例如橘貓比較友善、虎斑貓野性重、黑貓比較神經質之類的，但事實上貓咪也和人類一樣，性格會受到許多因素影響：比如父母的個性、成長的環境、與人類相處的形況等等。有些收容所為了平均不同毛色的貓咪認養率，會將每隻貓咪的實際性格加以描述，希望收養者除了毛色以外，還是應該優先考慮性格。故在此提醒大家養貓跟交朋友一樣，盡量不要以貌取貓啦。

2. 除了偷聽小鳥講話，松鼠還會模仿鳥類叫聲，對同伴們示警。而且這不只松鼠，就連花栗鼠也能做到，所以一旦有小鳥和鼠類共通的掠食者（例如老鷹）出沒，這些鼠鼠們就會和小鳥一起發出相同的示警聲，這個畫面想像起來其實還滿可愛的。

3. 真正的民主並不只有選舉，更關注於在充分的溝通與妥協中，取得社會最大的共識。所以我覺得民主不但是一個過程，也是一種生活方式，需要在不同場合、不同情境中不斷地實踐。請記住，不管選舉中你投給哪位候選人，參與投票的你，其實也投了一票給名為「民主」的生活方式。所以請不要覺得投完票一切就結束了，為了民主生活，千萬記得要繼續溝通——和自己、和他人、和這個社會溝通。

4. 除了小丑魚，其實還有不少魚類也擁有「性轉換」的機制，包括鱔魚、石斑和隆頭魚等等，而牠們的共同點是都屬群居動物。為什麼群居魚類會有性轉現象呢？有種可能是牠們的族群以雌性為領袖，如果原來的領袖過世了，新的領袖首先得成為雌性，才能繼續領導整個族群。

5. 「海豚嗎啡」是我亂取的，中文目前沒有統一翻譯。它其實是一種從皮膚和脂肪分泌出的化合物，除了止痛，還有強大的抗菌效果——這在細菌超多的海洋裡非常重要——如果傷口泡進海裡，很容易導致海洋弧菌感染，那後果真的不是開玩笑的。

6. 除了活得慢，睡鯊肉據說也特別難吃，而且還有毒，再加上牠們的生存環境，本來就是人類不易抵達的極地海域，過去漁民對睡鯊大多不感興趣——我想這個「人類沒有興趣」，或許也是非常關鍵的長壽秘訣吧？

7. 其實自己身上的細菌，相對於陌生細菌通常安全很多，而且這項研究並沒有比較細菌的總量，考慮到黑猩猩身上的寄生蟲與細菌量，畢竟是比人類多太多了，你還是不一定比黑猩猩髒啦。

8. 有些鳥類理論上也具有孤雌生殖基礎，但最多只能長到胚胎階段，以孵出幼體來說，目前只有在野生火雞身上能找到確認案例，但除此之外，錘頭鯊和科摩多巨蜥等動物也會喔。

9. 獵豹排卵機制的發現之所以重要，是因為全世界目前只剩約 7000 隻獵豹，而過去因為沒能搞清楚牠們的繁殖機制，復育工作因此變得非常困難（根本不知道母豹什麼時候會排卵）。另外再補充一下，發情和排卵其實是不一樣的兩件事，拿貓的例子來說，母貓其實是會按照固定周期發情，而當公貓聞到牠們發情時產生的費洛蒙時，就會主動上前交配，再透過生殖器的刺激，讓母貓能順利排卵。換句話說，動物發情其實未必會排卵，不過在獵豹的例子，這一條龍的過程都能靠叫聲啟動。

10. 白蟻以前在分類上屬於「等翅目」，直到 2018 年科學家才正式宣布要廢了這個等翅目，把所有白蟻通通劃入蜚蠊目。因此如今的蜚蠊目 60% 都是蟑螂，剩下 40% 是白蟻。而在使用基因檢測、確認白蟻蟑螂是親戚前，科學家其實也懷疑過白蟻是螳螂的親戚，是後來在蜚蠊目中的「隱尾廉屬」——一種會吃木頭、也有育幼行為的蟑螂上——找到了不少共同點，這才推測白蟻是從蟑螂演化出來的。

另外按照官方設定，凱蒂貓的真實身分其實是一名英國少女。

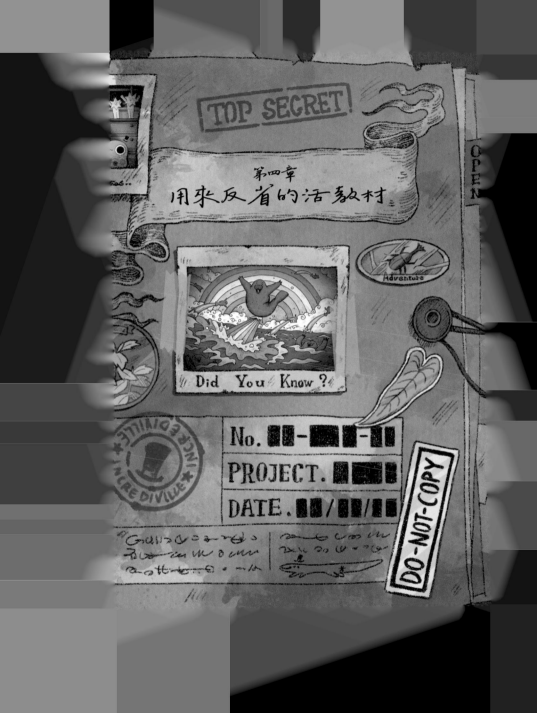

你知道嗎？

海牛會靠放屁來游泳喔

魚類通常會藉由魚鰾來調節浮力，但身為哺乳類的海牛沒有這種東西，所以不管要浮起來還是潛下去，都需要調整腸胃內的氣體比例——容我說得通俗一點，就是靠放屁來完成。

海牛每天都要吃上 50 公斤左右的植物，可以在身體裡積蓄大量的甲烷（俗稱屁），只要憋著不放，便可以產生浮力；反之要是把這些屁放出來，就能依靠身體密度自然沉下去。

也因為在海裡闖蕩全憑腹中一股豪氣，海牛無庸置疑是個收放自如的放屁專家：得在何處放、該在何時放、要小心輕放還是大鳴大放，都直接關係到牠們在水裡的上下左右前前後後，需要用心體會準確拿捏。

而為了避免關鍵時刻一個屁都放不出來，海牛肚裡甚至配備了儲屁袋以備不時之需。但這也表示，海牛一旦便祕後果異常慘烈（嗯吃素還是會便祕的）——牠們會呈現一種頭下腳上的倒栽蔥姿勢，卡在水中載浮載沉進退兩難。

但這也表示，放屁之於海牛可說是唯一行動準則。在牠們的世界裡，說一隻海牛「說話就像放屁」，根本是在稱讚牠能說到做到吧？

你知道嗎？

囤貨的德文就是「倉鼠買東西喔」

囤 貨的德文「Hamsterkäufe」，其實就是把倉鼠（Hamster）和購物（käufe）結合成「倉鼠買東西」。至於那些趁著供應短缺而瘋狂搶購、大肆囤貨的人，德文則叫他「Hamsterer」——也就是「倉鼠人」。

會這樣造詞，顯然是借鑑了倉鼠那個總是拼命把食物往嘴裡塞的形象：由於倉鼠口內配有儲存食物的頰囊，延展性強到能一路橡膠橡膠地從臉伸到屁股，最多可以裝下比頭還要大上兩倍的食物（意思就像是把兩顆排球塞進你嘴裡），當然夠格成為囤貨行為的全球代言人。

值得一提的是，被飼養的倉鼠，依舊會保有野生倉鼠囤積食物的習慣，但因為一直有新鮮食物吃、沒機會銷庫存，囤起來的食物就容易爛在裡面並造成發炎。我想這故事也是提醒我們，無腦囤貨這種事損人不利己，就算真有本錢也不要輕易嘗試啦。

每年三月，是豎琴海豹的繁殖季節，人均雙魚座的小海豹出生以後，會受到媽媽的細心餵養，短短十天就勝過你在阿媽家住十年，能一口氣從 10 公斤豹肥到 40 公斤。

然後海豹媽媽就會頭也不回地丟下小海豹，繼續尋找她的第二（也可能是第三四五）春。

被丟包的小海豹幾乎沒有任何行為能力，不但不會游泳，甚至爬不遠也滾不動，不能自己找東西吃更不能叫 ubereat。所以在冰天雪地中自生自滅的小海豹，唯一能做的就是保持不動，得靜靜等到毛皮由白轉黑後（大約要 4 週），才有能力前往海邊，開始自學游泳打獵。

這種趴著不動的廢豹模式，一方面是為了要降低能量消耗，二方面是避免被北極熊等掠食者吃掉——純白的小海豹如果肯乖乖趴好，就能融入雪景讓人察覺不到。雖然這乍聽之下相當容易，但研究發現，只有大約七成的小海豹能平安活過第一年，至於那些沒活下來的，死因大多是因為動作太大、不躲好還想趴趴走。

換句話說，在海豹的世界裡，如果要選出模範生，絕對不會是勇於發言、急於表現的上進好同學

——鐵定是頒給那位從早自習開始，就一路睡到放學的懶惰鬼。

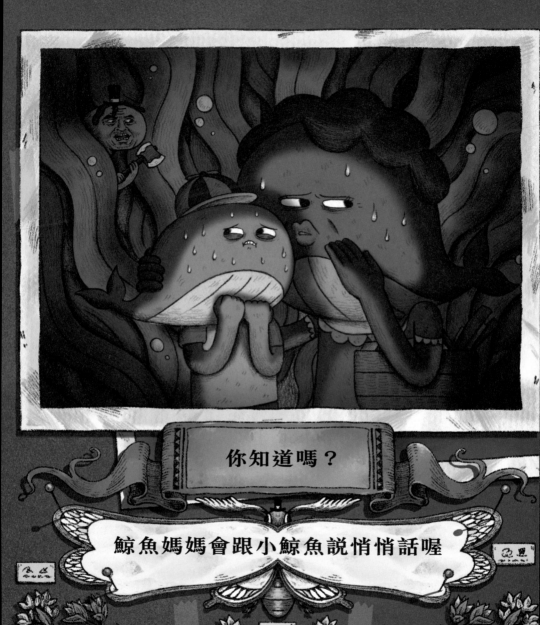

鯨魚堪稱是海底通訊第一品牌，隨便講點幹話都能傳到一公里之外[①]，有科學家因此在鯨魚身上裝了竊聽器材，想跟個風聽看看，這些海下廣播電台，平常時到底都在賣什麼藥仔？

結果科學家意外發現，在和小鯨魚說話時，本來大嗓門的鯨魚媽媽會特別壓低音量，收聽範圍一下子縮小到只剩 100 公尺，簡直像在跟小鯨魚咬耳朵一樣。

科學家推論，這種悄悄話模式，應該是為了避免孩子被壞人盯上——在告別青春期、長成一頭不好惹的大鯨魚前，皮薄餡多的幼鯨可是虎鯨和鯊魚垂涎的目標，所以跟小鯨魚講話時，一定要記得：不要那麼大聲別讓掠食者知道！

換句話說，如果鯨魚媽媽講話很大聲，是會威脅到孩子生命安全的，這個教訓，其實很值得你各位人類死囝仔銘記在心——

當你媽大聲講話時，一定要注意自己的生命安全。

#特別是一個字一個字喊出你全名時

你知道嗎？

在瑞士只養一隻天竺鼠是犯法的

天竺鼠群居性強，天生就很怕孤單，有時還會因為太寂寞而出現憂鬱傾向、危及身體健康。所以相當重視動物權益的瑞士政府，就因此禁止人們只養一隻天竺鼠。

在他們看來，孤單就等於是虐待。

而且不只天竺鼠，金魚也一樣適用，還有如果你的貓不能隨便跑出去玩，家中又沒有對外窗能讓牠看見其他貓，那也一樣必須養兩隻，否則就會犯法。

也因為這個規定，天竺鼠一旦喪偶，主人就背負了協尋第二春的法律責任。可如果家裡的兩隻天竺鼠，不幸未能同年同月同日死，主人就會陷入一個「天竺鼠喪偶→養新天竺鼠→新天竺鼠喪偶→再養新新天竺鼠」的無限循環。

為了解決這個煩惱，有民間公司就專門提供天竺鼠婚友聯誼（純）服務，把旗下伴遊鼠鼠租給你家的單身天竺鼠，不僅照顧到動物的生心理健康，還能帶動相關產業發展，共創人類與動物間的雙贏價值。

但話說回來，天竺鼠可能是世界上，最沒資格大喊：「我單身會死嗎？我單身犯法了嗎！？」的動物了吧？

你知道嗎？

越帥的小鳥越容易被吃掉喔

帥有什麼用？帥能吃嗎？這題的答案，其實要看你是什麼動物——如果你是隻小鳥的話，長得帥，還真的會讓你更好吃！

這要說到澳洲有一種青春小鳥，叫華麗細尾鷯鶯，每當發情警報響起時，雄鷯鶯的羽毛②，都會由鐵鏽灰轉成小發財藍，目的當然是用力帥他一波好吸引雌鳥青睞。

但要帥往往是要付出代價的，因為藍色在自然界非常顯眼，所以變了色的雄鳥，就像漆黑中的螢火蟲一樣，是那麼樣的鮮明，那麼樣的出眾，連帶提高了被掠食者盯上的風險。

因此科學家發現，這些拉風的雄鳥，不但會花費更多時間警戒周遭環境，遇到任何風吹草動，都要搶先躲進龜仔坑，就算風頭過了也要拖到最後一刻才出來面對，美其名是愛惜羽毛，講難聽點就是貪生怕死。

更有趣的是，相較於安全感不夠的雄鳥，雌鳥（不會變色）心臟反而會變得更大顆，找掩護以及警戒的時間都會比求偶期前更短，顯然是看準天塌下來也有帥過頭的雄鳥頂著先。所以在求偶期間慘遭捕食的雄華麗細尾鷯鶯，也算是名副其實的把自己「帥死了」，更應證了什麼叫長得帥死得快。

所以我們也在此呼籲，謹記帥小鳥的教訓，大家一起長得醜活得久，謝謝。

你知道嗎？

鴿子做事比你還要會拖

凡事不拖到最後一刻絕不動手，這種名喚拖延症的絕症不只你有——鴿子也有，而且還遠比你優秀——牠們做事真的是能拖多久就拖多久。

科學家設計了兩種任務讓鴿子選，第一種比較簡單，要在短時間內完成；第二種雖然比較困難，但可以慢一點做完。結果發現不管重測幾次，每一隻鴿子，都會堅定不移地選擇第二種方案，顯見牠們的本性就是一個「拖」。

這個發現有趣的地方在於，雖然我們做事也愛死拖活拖，但人類其實擁有一種「反拖延本能」：

由於還沒做完的代辦事項，會持續佔據大腦的工作記憶，所以人類總傾向盡早解決一部分的任務，清出工作記憶的暫存空間、減輕大腦負擔，這就是為什麼提前完工會讓你心情比較輕鬆。

也因為人類先天存在這樣的設定[3]，事情拖得越久，你的良心就會越痛，所以我們才要把拖延視為一種病。可既然鴿子沒有反拖延本能，對牠們來說，「要把事情提前做完」這樣的想法反而有毒，內心從來不用糾結，當然能拖得問心無愧。

嗯，所以那些拖越久你越爽，做任何事都能拖到喪心病狂的朋友，你們這種超越人類本能的行為模式，真的很令人敬重，讓我忍不住想——

叫你一聲鴿！

你知道嗎？

打輸的蟋蟀更受女生歡迎喔

(**雖**然很像蟑螂，但這真的是在畫蟋蟀)

任何雄性動物在求偶時，都要拚了命去露肌肉秀操作，向雌性證明自己是個值得託付的強者，但在蟋蟀的世界裡，情況有點詭異——那就是打輸的魯蛇反而很受歡迎。

科學家發現，由於打完架後，獲勝的公蟋蟀並不會就此收手，而是陷入戰鬥狂熱、高喊著「下面一位！」繼續尋求和其他公蟋蟀近身♂肉搏的機會。像這樣不解風情、把女孩晾在一邊的行為，母蟋蟀當然會說謝謝再聯絡。

反觀那些拳頭不夠大的公蟋蟀，一旦落敗後，精力會悉數投向母蟋蟀身上，用唱歌跳舞展開一波接一波的熱情求偶攻勢。這種暖男就算一無所有，女孩也願意跟他走，導致落敗組交配成功率，和優勝組幾乎沒區別，甚至能更快更有效地完成交配。

可既然打輸也能討到老婆，那公蟋蟀們到底還爭什麼爭？這其實是因為打贏的蟋蟀能優先選擇巢穴，而對母蟋蟀來說，是否擁有房產也是一個重要擇偶條件，所以公蟋蟀才會把全國制霸視為人生目標。

換句話說，雖然公蟋蟀靠拳頭分勝負，但母蟋蟀看重的特質，壓根不只是你肌肉是否夠大，也包括你歌聲是否優雅；包括你能否許她一個家；包括你眼裡是否只有她。

這故事也告訴我們，縱使沒車沒房沒權沒勢，也不代表你注定要單身一輩子——找到自己定位、發揮自己所長，真心看待每一個機會，我相信人人都還是能獲得幸福的。

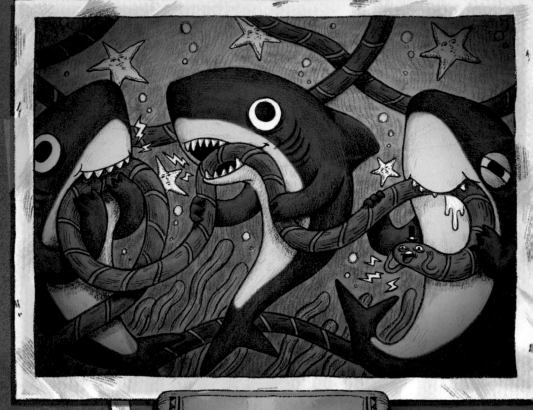

你知道嗎？

鯊魚很愛咬電纜喔

除 了室友在下片、工程師打翻泡麵，網路變慢還有一個理由也很常見——那就是電纜被鯊魚咬到斷裂。

早在 30 年前，國際電纜保護委員會，就曾經在斷掉的海底電纜上，找到卡在裡頭的鯊魚牙齒，證實鯊咬是造成電纜損毀的元凶之一。

在這之後，歐美也陸續有報告指出，鯊魚的確對人類鋪設的電纜特別感興趣，但原因究竟是為什麼，目前還沒有肯定答案，比較主流的猜測是因為鯊魚的第六感：

鯊魚口鼻中擁有一種叫「勞倫氏壺腹」的器官，這種特殊的受器，可以感應到微弱的電場，以五感之外的「電覺」來掌握獵物行蹤。

所以鯊魚可能是感測到了電纜裡的電流，並且把它誤認成有獵物游過，這才會想衝上去咬一口[4]，害得電信公司客服被打到歪頭。

不過也有鯊魚專家認為，原因沒有那麼複雜，單純是鯊魚好奇心旺盛，看到陌生的東西，本能上會想咬咬看罷了。這理由其實跟貓狗甚至人類嬰兒很像，差別在於大人可以教訓他們以後不可以再亂咬電線，至於鯊魚……恐怕是有點困難啦。

你知道嗎？

有些螞蟻的工作就是負責耍廢喔

除了螞蟻的老闆，人類科學家也很好奇，標榜勤勞的螞蟻，是不是都有在認真工作？

但他們在仔細觀察螞蟻的行為後發現，辛勤工作的螞蟻，其實只佔了少數，多數螞蟻只會在旁邊裝忙，甚至發呆擺爛。更過分的是，這些耍廢的螞蟻當中，只有部分是放假輪休時，碰巧被科學家看到，另有一群螞蟻，是不論何時何地，都能光明正大、抬頭挺胸地偷懶。

因為牠們的工作，真的就是什麼都不做。

這些對蟻群毫無貢獻的全職廢人，大約佔了工蟻的 40%，原因目前無法確定，不過能合理猜測是充作儲備勞動力，待工蟻數量下降時立即遞補上，這樣即使工蟻大量折損，蟻巢也能正常運作。

另一項研究也發現，火蟻在挖掘地道時，工作分配並不平均：由於地道內的空間有限，如果所有火蟻一起勞動，反而會造成動線阻塞、害整體效率降低。因此通常只有 30% 的火蟻，需要負擔近 70% 的工作量，這又被稱作螞蟻的「三七法則」。

所以螞蟻想達到最高的工作效率，就不得不讓某些同類在旁邊裝忙耍廢就好，這項對蟻群存續而言相當重要的勞動政策，我也在此懇請人類政府企業參考參考——

為了加速人類文明的推進，我十分樂意擔任儲備勞動力。

你知道嗎？

無尾熊每天能睡上20小時喔

講到下輩子想當什麼動物，我們大多會先想到零生產力的貓，但今天，我要誠摯向大家推薦——你還可以考慮當隻無尾熊。

貓一天的睡眠時間大概是 12 小時，但無尾熊每天卻能睡上 20 小時，為地球上最能睡的哺乳動物（順帶一提豬大概只睡 7 小時）。

無尾熊之所以要睡這麼久，是因為牠們的主食——尤加利葉熱量極低，除了水分和超粗纖維以外幾乎沒什麼營養，所以牠們得靠多睡少動，來降低熱量消耗。

此外，尤加利葉其實是有毒的，其成分甚至能被製成治療香港腳的藥品，動物界唯無尾熊的腸道有特殊菌種能處理。因為專撿沒人吃得下的東西吃，無尾熊從此免於和其他動物搶食，形同開創出一片沒有競爭者的藍海，就更有理由每天都睡得跟死無尾熊一樣了。

像這樣的佛系動物，彷彿在提醒我們：要從殘酷的競爭螺旋中脫穎而出，未必只能遵從競爭邏輯、想方設法擊垮對手，專注經營自己最強大且獨一無二的特質，也是有機會創造出難以撼動的生存價值。

但也順便提醒一下，你這輩子再怎麼睡，都不可能比無尾熊更會睡，所以明早拜託還是乖乖去上班上課，千萬不要妄想你能睡出什麼生存價值。

你知道嗎？

其實北極熊的腳非常臭喔

科學家發現，北極熊的腳是真的很臭。

許多動物都會利用氣味傳遞訊息，像熊族大多會透過摩擦樹木，留下牠們的體味。然而北極可沒有什麼樹，在白茫茫一片真乾淨的冰天雪地，除了幾道偶然的足跡，你很難再留下什麼東西⑤。

好在北極熊的腳丫上，長著發達的汗腺及濃密的毛髮，那個積累的臭味，就連極地的寒風都會為之顫動，不論是北極寂寥的風中雪中或你的心中，北極熊走到哪，腳臭味就能留到哪。

此外，在收集了200多隻北極熊的腳臭後（噁），科學家還發現，公北極熊對發情母熊的腳臭，普遍有著更明顯的反應、看起來會更加興奮，可見想得到北極熊的芳心，一定要靠腳臭。而在這之後也有研究證實，野生公熊就是靠這薰人的腳氣，找到心儀的母熊。

所以對北極熊來說，腳是真的要越臭，才越有可能找到另一半（或者說被找到），反觀人類老要擔心自己腳臭口臭狐臭放屁臭，會嚇到約會對象以後不聯絡，這看在北極熊眼裡，還真是挺奢侈的煩惱欸。

第四章補充筆記

1. 鯨魚的日常對話，跟求偶發出的聲音不太一樣。日常對話基本上可以在幾公里內被聽見，而求偶或是交友用的「鯨魚之歌」，則可以遠到 100 多公里外都能收到。不過隨著人類在海洋的活動越來越頻繁，人工噪音也正持續縮小鯨魚的傳聲範圍（聲音會混雜在噪音中聽不清楚），間接妨礙到鯨魚的溝通或是繁衍。我想這也提醒我們，人類的生活軌跡對環境所造成的影響，往往遠超出我們所見所想，如果有多餘心力的話，真的都該盡量關心一下環境議題啦。

2. 細尾鷯鶯的雄鳥和雌鳥外觀差異巨大，是一個經典的「雌雄異型」案例。但為什麼許多的動物，都是雄性長得比較漂亮呢？過去科學家猜測，這可能是因為對於雌性而言，更多裝飾（比如華麗的羽毛）會消耗掉更多能量，進而影響到未來的生育能力。但後來也有科學

家認為，這或許是因為雌性身上的裝飾，會凸顯自己的性需求，進而使雌性遭受到更多追求者的「性騷擾」。而對雌性來說，比起身上多點裝飾，應付這種性騷擾，可能需要消耗更多的心力及生育成本，所以才會讓自己沒有什麼觀賞性。

3. 其實包括狗狗和黑猩猩，許多動物身上也都觀察到拖延症傾向。而之所以要以鴿子做研究，是因為在演化上，我們與鴿子早在三億年前便分家了，這就讓科學家想研究牠們對拖延的心態，是不是和我們有什麼不同。最後結果也顯示，愛拖延根本是所有動物的共同特性，所以不趕快把事情做完，就會渾身不舒服的反拖延本能，也很可能是人類獨步生物界的演化優勢，但具體是優在哪，說真的我也不是很清楚就是了……。人類不是都要拖到死線前，才能把自己發揮到極限嗎？

4. 鯊魚其實是滿挑食的動物，一發現吃起來不對，就會把嘴巴放開了，而這也是為什麼鯊魚很少去咬人、甚至吃人：因為人類脂肪太少太難吃了（還有專家說是因為太鹹）。因此據說大部分鯊魚攻擊人類的案例，都是牠們把人類誤認成海豹之類的動物，等一咬下去發現味道怪怪的，就會「有夠難吃呸呸呸」馬上鬆口。所以沒事不用擔心鯊魚會吃你啦，你真的沒有那麼好吃。

5. 關於北極熊是依靠腳臭來傳遞訊息的發現，也進一步證實了因全球暖化，導致極地冰層融化及海平面上升，會對北極熊帶來難以想像的巨大浩劫：氣味更難在地上留存，代表北極熊更難追蹤到彼此，也就更難交配並繁衍後代了。

第五章

你最信賴的毛朋友

BFF

Best friends

Did You Know?

INCRE DIVILLE

No. ██-███-██

PROJECT. ████

DATE.██/██/██

DO-NOT-COPY

OPEN

你知道嗎？

狗比貓還要臭喔

有些貓科動物在標記領地時，身上會分泌一種叫「2-AP」的氣味分子。2-AP 聞起來帶有一點爆米花味，而這很可能，就是貓味的祖傳秘方[①]。

除此之外，身為一個喜歡來陰的掠食者，貓咪本能上習慣減少體味以維持隱匿性，除了會拿將近一半的清醒時間清潔自己，牠們舌頭的設計也帶有相同目的。

貓舌頭上帶有無數的倒鉤，除了能有效清除毛髮間的髒污，也不容易讓臭口水殘留在表皮上，搭配 2-AP 的淡香，吸起來自然清爽無負擔。

反觀狗狗比較習慣集體狩獵，有沒有味道其實沒有太大差別，有些狗甚至喜歡讓身體沾上其他氣味。加上唾腺、皮脂腺都比貓咪還要發達，狗味聞起來，通常也更帶勁更濃烈。

當然啦，只要保持適當清洗，健康的狗狗其實也未必會有異味，所以客觀來說，貓狗都是寶，養誰都很好，只是身為貓派良心，我們還是要在此奉勸：

吸貓一口，健康久久；
吸狗一口，矮額臭臭。

你知道嗎？

你家貓根本不知道你長怎樣

有 實驗讓貓去分辨主人和陌生人的照片，結果發現正確率只有 54%——基本上就是靠猜的。而作為對照組，狗狗的正確率則能達到 88%。

更過分的是，當實驗再讓貓去認其他貓的臉時，竟發現正確率高達 90%，顯然貓不是臉盲，而是根本不 care 奴才長怎樣。

但先別崩潰，這不表示貓不會認人[2]，靠著聲音、氣味、加上你的身材體型，貓還是能分辨出誰才是祂最忠實的奴僕。只不過在與人類數千年的愛恨糾葛中，貓始終沒有養成看主人臉色吃飯的習慣，也導致祂們沒能演化出狗狗那種臉部識別能力。

還有專家認為，這順便解釋了為什麼，每當聽到有人在呼喚時，貓都不愛回頭。因為比起視線交錯和眼神肯定，貓更習慣用甩耳朵擺尾巴等動作，來表達「好我聽到了不要吵」。

這也再次證實，貓的確是很神奇的動物，不論你貧窮還是富有，更不管人帥還是臉醜，反正貓照樣要鄙視你，一切都是那麼的公平。

過去有研究發現，在收容所裡的狗狗，如果越常抬起內眉毛、讓外眉毛垂下去，擺出一副´‧ᴥ‧`的表情，就越容易被人領養。

科學家認為，因為這種可愛小狗眼，在人類看來，有點像是面露悲傷的神情，一旦確認過眼神，自然能喚起照養本能。

但要做出挑眉這樣細微的表情變化，需要動用到眼睛內側的一小塊特殊肌肉，而科學家目前並沒有在狼臉上找到這組肌肉。此外，和狼相比，當狗狗在盯著人類看時，眼部肌肉的活動頻率更高、強度更強，彷彿是想用眼睛對人訴說著什麼。

這可能是因為人類溝通很仰賴眼神交流，所以想得到主人的芳心，也一定要靠眼神，擅長擠眉弄眼的狗狗，就因此有了演化優勢。而這層優勢，又透過代代繁衍持續強化，現在的狗狗才有這麼發達的眼部肌肉。

狗狗為了拉近與人類的距離，花了上萬年才學會用眼神和人類溝通。反觀貓咪，幾千年來好像什麼都不用做，就能讓人類整天對著牠們喵喵叫了。

嗯……想想這世界真的是挺不公平的。

你知道嗎？

貓其實吃不出甜味喔

貓的味蕾數量，大約只有人類的 5%，這代表我全知全能的大貓派還是有弱點：那就是祂們的味覺非常遲鈍。

譬如食物的鹹味，貓其實吃不太出來，就算吃得太重鹹，通常也沒辦法發現，如果又不愛喝水，腎就會非常危險。除此之外，有些味道貓甚至感覺不到──比如祂們幾乎沒有「甜」這個概念。

由於基因上的因素，貓天生缺乏感受甜味的味蕾③，這輩子不管吃什麼都嚐不到甜頭。科學家猜測，這可能是因為自然界中的甜味主要來自植物，吃肉的貓咪本來就少有機會接觸，當然不需要感受甜味的味蕾了。

但也因為飲料點全糖，喝進嘴裡還跟無糖一樣，導致貓咪吃得再甜都不會知道要節制，一不小心就會吃到蛀牙甚至過胖。這種茶不嫌少糖不嫌多的氣度；把砂糖當正餐白飯當配菜的功夫；還有對甜度標準那異於常人的解讀，聽起來似乎有點熟……阿，我知道了！

台南人上輩子，一定都是貓對吧？

你知道嗎？

狗狗大便時會對準南／北邊喔

為什麼狗狗在大便前，都要先原地瞎轉個幾圈？這樣裝忙的用意，是為了醞釀便意嗎？難道光是轉兩圈，就能和早餐店大冰奶一樣，具有整腸健胃的神奇效果嗎？

為了解開這個謎，科學家耗費兩年的光陰，終於從 7000 多次的觀察記錄中證明：在沒有障礙物或磁極干擾的前提下，狗狗大便時不是朝北，就是朝南。

換句話說，狗狗大便前會原地打轉，其實是為了與磁場對齊、找出正確方位。

雖然還不清楚這麼做背後有什麼苦衷，但狗狗可以分辨哪邊是東西哪邊是南北，應該和細胞內的「隱色素」有關：

隱色素是一種人身上也有的感光蛋白質④，本來的作用是調整生物的晝夜節律（作息）。可不知道為什麼，在鯨魚、候鳥等動物身上，還額外附贈了一個感應磁場變化的功能，使牠們具備指南針等級的辨位能力。

有趣的是，其實人類當中，也存在極少數個案可以感應到磁場，所以科學家相信，這種與生俱來的方向感，可能是因為生活方式改變，才被現代人遺忘，未來也許還能透過什麼手段再次喚醒。

……嗯，比如說把人丟進中永和住個幾年，我相信就會有很高機率激發出這種本能了。

#連諸葛亮也要嚇一跳的臺灣八陣圖

你知道嗎？

貓其實略懂物理學喔

科學家發現，貓能察覺違反物理定律的現象。

一項日本研究找來 30 隻貓做實驗，他們先在貓的面前搖晃一個箱子，讓裡面的鋼球發出聲音，接著再翻轉箱子把球給倒出來。

而因為箱中藏有可以吸住鋼球的電磁鐵，研究人員能自由控制要不要讓球發出聲音、以及要不要讓球掉出來。結果發現：

如果箱子有聲音、卻沒有倒出球來；或是箱子沒有聲音、卻有倒出球來，都會讓貓咪花上更多時間盯著箱子看，顯然是意識到這兩種情況「違背物理定律」。

要是你還不覺得貓有多厲害，那我再告訴你，因為這牽涉「因果律」甚至「重力」等抽象概念，就連聰明的黑猩猩都要先受過訓練，才可以理解「發出聲音代表箱子藏有東西」。

至於貓為什麼會內建基礎物理，可能是因為掠食者需要靠聲音判斷大量資訊，而貓在演化中進一步習得以聲音預判因果關係，最後就無師自通悟出古典物理學的奧義了。

其實牛頓發現萬有引力[5]，距現在不過 400 年，大家真的不要小看貓咪愛摔杯子這個舉動：每天摔杯子做實驗，總有一天能造出火箭。然後貓咪統治宇宙的日子，也就指日可待了。

#立足地球放眼宇宙　#即日起受理報名

157

你知道嗎？

比起吃的，
狗狗更喜歡被人類稱讚

為了考驗狗狗的忠誠度，科學家找來 15 隻受過訓練的乖狗狗，先利用「條件反射」的原理給予暗示：看到粉紅玩具車時，主人會稱讚牠天壽讚；看到藍色玩具車時，主人會給牠東西吃；而看到梳子時什麼都不會發生（控制組）。

接著，實驗透過功能性磁振造影，觀察這些狗狗在看到 3 種物品時，大腦中與獎勵機制有關的「腹側紋狀體」，會有怎樣的反應（反應越大代表越興奮）。

結果意外地發現，所有狗狗中，只有 2 隻在想到食物時反應最大。多數狗狗想到主人誇獎時的興奮程度，跟想到食物一模一樣，此外更有 4 隻好狗狗，會對主人的誇獎做出過激反應。

另一項實驗讓狗狗終極二選一：一邊是食物一邊是主人，看牠怎麼選。結果在實驗一中，對稱讚最有感的狗狗，十次有九次都會撲向主人而非食物，證明牠們的確把人類放第一順位。

雖然偶爾還是會經不住食物誘惑，但狗狗對人類的重視程度的確遠高於貓咪，難怪要說牠們是人類最好的朋友。

相較之下我倒是一點也不懷疑，我家的貓鐵定會為了食物出賣我。

你知道嗎？

家貓其實是
自然界最危險的獵人喔

養過貓的人都知道，貓咪對外面的世界異常渴望，彷彿只要有一雙翅膀兩雙翅膀，牠一定隨時出發、偷偷出發、還要帶你媽行。

但其實，貓非常不適合踏出你家大門，因為對野外的小蜥蜴小鳥鳥小鼠鼠而言，家貓根本是終極殺人王——比如澳洲統計數據顯示，「每一天」，都有逾百萬隻野生動物橫死於貓的爪下。

除了狩獵能力強大，貓咪還有一個壞習慣，牠們獵殺不是只為了吃飽，有時候純屬好玩，甚至會傳染弓形蟲這種危險的寄生蟲⑥，對野生動物的愛與和平構成極大威脅。

然而，因為貓與人類的關係緊密，再加上牠們常被人類腐化得又肥又懶，我們很常會忽略貓對自然環境的破壞力，建議大家還是要多多關心你家貓咪的動態，要是在外面打架吸毒結交壞朋友那就糟了。

所以為了環境好也為了貓好，還是建議大家：盡量把貓好好供養在家，不要讓牠在野外拋頭露面討生活啦。

你知道嗎？

狗狗看到主人時，
大腦反應跟戀愛很像喔

研究發現，當狗狗和主人深情對望時，彼此的體內，都會分泌出「催產素」——這是我們和他人產生親密感的關鍵激素，所以又被叫做戀愛激素。

催產素的分泌量，通常和親密程度有關，比如和陌生人握手時，會提高大約 10%；和喜歡的對象、摯愛的親人擁抱時，分泌水平甚至會逼近 100%。

所以接下來，無聊的人類肯定要繼續問，那狗狗到底有多愛我？

一起小型研究在測量催產素的濃度後發現，狗狗看到主人時，會較平時提升 40~60%，雖然沒有迷戀到會想和你求婚的程度，卻也足以證明，牠是真的愛你了。

順帶一提，這起研究還有拿貓作比較⑦，然後發現貓咪看到主人時，催產素水平大概只提高了 12%，別說是情人了，這程度連想做朋友都很勉強啊。

#貓從不知道我想做的不只是朋友

你知道嗎？

貓的時間觀念可能比你好喔

你是否也想問，你家的貓為何這麼愛哭天？為什麼每次打飯時手腳稍微慢一點，牠就會像班長一樣在旁邊狂催你：「要多久？他喵的要多久？」

心很累的科學家為此設計了一項實驗：他們在貓咪的餵食器前，加裝了兩道電動門，並設定成要經過不同的秒數以後才會打開。而在放飯前，兩道門會先各開一次給貓咪看，然後牠們得選出開啟秒數最短的那道門，選對了才會有食物可以吃。

這個實驗從 20 秒／5 秒，一路測到了 8 秒／5 秒，發現貓咪總能靠著生理時鐘辨別出先後，證明貓咪的「時間知覺」異常敏銳，能分別出僅僅幾秒鐘的差別，難怪這麼愛催你快一點。

沒戴錶也能知道慢了幾秒，貓咪這種習性⑧，真的值得我們人類學習——特別是那些一遲到就是一小時的傢伙，都去給我養隻貓反省反省吧。

為什麼路上不認識的狗狗都能隨便你摸，自己辛苦養大的貓咪，卻老要你東踏取蜜？這究竟該怪貓太機歪，還是狗太沒原則？

有科學家在狼和狗面前，擺一口裝有香腸的箱子，觀察牠們會有什麼反應。然後發現，相較於狼會專心研究怎麼開箱，狗狗表現得就像那些期末考完全沒唸的同學，看個幾眼後，就開始無助地望向一旁的人類，像在期待有好心人可以救救牠。

因為這些狼和狗都有經過人類馴養，所以可以推測狗狗是天生習慣凡事要人幫，而透過基因檢測也進一步發現，在狗狗身上有兩組變異基因——GTF2I 和 GTF2IRD1，但在狼身上卻完全找不到。

神奇的是，若人類在相對應的基因上有缺失，就會造成一種叫「威廉氏症候群」的罕見疾病，主要症狀是對身邊所有人無差別過度友善，就算面對陌生人也毫無戒心、充滿熱情。可見狗狗對人類的愛是被寫進基因裡，如同預設的程式碼一樣忠實執行。

所以說，相較於疑神疑鬼的貓，狗狗是真的更容易被人騙對郎走，但我們還是要藉機呼籲，正因為這受限於先天條件上的差異，責怪牠們好騙，其實沒有意義。

請別忘記，最該檢討的從來都不是受害者，而是那些騙子。

你知道嗎？

貓是真的會模仿人類行為喔

關於貓的行為研究，其實很容易卡關，因為科學家做實驗時，常常會分不清楚：貓到底是聽不懂辦不到，還是單純不想鳥你？所以像貓咪究竟能不能「模仿人類動作」，這個看起來好像沒啥創意的才藝，也一直到最近才終於被證實。

這裡的模仿是指「觀察並拷貝一樣的動作」，像跑步游泳一樣你做什麼他就跟著做什麼。而目前只有五款動物，是通過實驗認證，具備這種跨越物種的血輪眼能力──鸚鵡、海豚、黑猩猩、狗和虎鯨。

研究找來貓咪玩超級比一比：先做出一些牠沒練過的肢體動作，比如下腰、用臉蹭紙箱、伸出右手碰紙箱，如果能照著做一遍就可以贏得食物獎勵。結果發現，貓咪還真能挪動相應部位，做出相同動作，成功率高達八成。

但就像開頭說的，多數貓咪配合度都很差，既容易分心、又不太會為了食物任你擺佈，導致實驗必須找來一隻貪吃到沒節操的貓，這才證明貓的確具有跨物種模仿能力，你也不用怨嘆你家貓為什麼做不到。

不過我想，貓的這種「不是我不會做，只是我不想做」的處世精神，也算是在提醒我們：「如果你很擅長某件事，千萬不要免費幫人做白工。」

#養貓教會我的那些事

第五章補充筆記

1. 有趣的是，2-AP 其實也是臺農 71 號——益全香米的重要香味來源，看來貓派不只要成為人類精神糧食，竟然還想染指人類物質糧食，簡直是令人髮指！（特別感謝讀者吳郁嫻的補充）

2. 關於貓為什麼沒能演化出辨認人臉的能力，這邊還有一個挺有趣的解釋：貓咪尚未被人類完整馴化。要知道，養貓的風氣其實是在近一百年左右，才逐漸普及到全世界。在這之前，除了埃及等特別崇尚貓的地區，貓和人類的相處模式，比較接近互不侵犯的概念：你幫我抓抓老鼠，我也就睜一隻眼閉隻眼讓你在家裡住，但除此之外三餐還請自理。

   反觀人類和狗狗就比較親密了，為了訓練狗狗進行各種輔助工作，我們會盡量提供狗狗溫飽，而狗狗在經過這樣幾千年的馴化後，逐

漸變得更依賴人類，也慢慢習得各種與人類交流的技能，包括認臉。換句話說，和狗狗相比，貓的馴化程度是真的不高，所以才有個說法是：現在的貓和幾千年前的貓根本沒什麼差別，真的是很忠於自己的動物呢。

3. 貓雖然不能感受甜味，但一定也有人遇過貓咪像瘋了一樣想吃你手上的甜點。關於這點，科學家解釋比較有可能是受到乳製品的吸引，而不是糖分的誘惑。

4. 人身上的隱色素位於視網膜中，被稱為 CRY1、CRY2，而科學家們發現，CRY2 是真的可以感應磁場。因為 CRY2 這種蛋白質的特殊結構，能形成自由基對，自由基對裡面的電荷，會對磁場產生反應，所以人類的確是具備感應磁場的生理條件。不過到目前為止，還真的不知道要用什麼辦法，才能喚醒人類辨識磁場的能力，所以把人丟到中永和終究只是玩笑話，我其實也不覺得有用，畢竟很多人住了幾十年都還是會迷路了。

5. 值得一提的是，史上最著名的貓奴科學家，正是牛頓他老人家。牛頓為了讓貓自由進出，曾經在家中每扇門都裝上貓門，而且更值得一提的是，在那個時候的英格蘭，根本還沒什麼人在養貓，所以牛頓除了是近代科學信仰的先趨，同時也是近代貓派信仰的先驅喔。

6. 這邊順便宣導一下，一般城市裡的家貓（沒有外出過）帶源弓形蟲的情況非常少見，而且因為弓形蟲為糞口傳染，只要清完貓砂都有好好洗手，基本上就不需要擔心被傳染喔。

7. 其實不同種類的動物，體內激素的分泌水平，通常是不能直接進行比較，自然不能說狗比貓還愛你 5 倍。因此這研究的重點，還是該放在貓狗確實會對人類產生跨物種親密感。不過我想狗比貓更喜歡人類這個事實，可能也不需要什麼科學證據啦。

8. 有趣的是，就像每個人類的生活作息會不一樣，不同的貓咪也有不同的作息。科學家發現，貓的生活作息混亂到無法找到一個統一標準——什麼時候該睡什麼時候該吃，全是因貓而異的，這在其他物種上相當罕見。這可能是因為貓和其他貓科動物一樣是夜行動物，但隨著長時間的馴化，牠們逐漸學會配合人類的生活作息，這才出現各式各樣的生理時鐘。所以說貓終究是有為人類做出一點改變的，我實在太感動了。

第六章
身不由己的好藉口

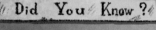

Did You Know?

No. ██-███-██

PROJECT. ████

DATE. ██/██/███

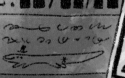

你知道嗎？

「午餐吃什麼」
是世界上最難決定的問題

假設有個核電廠工程團隊正在開會，要決定以下三個預算討論案：預算 4 億元的核能反應爐、預算 1 萬元的腳踏車遮雨棚、以及預算 600 元的午餐津貼，你覺得當中哪一個會讓他們花上最久時間？

這是 50 年前政治學家帕金森提出的理論：他指出，在討論專業且規模龐大的事項時，多數人會因缺乏相關知識及掌握全局的能力，而不肯輕率發言，寧可盲目地表示贊同。

反觀那些不重要的瑣碎雜事，因為大家都懂、都有自己的意見，人人都會想插幾句話好刷個存在感，也就更難做出決定，導致開會開到浪費生命。這種學校職場隨處可見的現象，又被稱作「帕金森瑣碎定律」。

為了避免被不重要的事情占用太多時間，該怎麼把心力專注在最關鍵的事物上，也因此成為管理學經典不敗的難題。所以下次再討論到「午餐要吃什麼」，我誠摯建議大家不要浪費時間，堅定回答：「隨便都可以。」──這才是真正的人生大智慧。

為什麼早餐店阿姨做早餐時，總有辦法記住所有客人點了什麼，但等到吃完要結帳時，她卻又記不起來了，一定要問你「帥哥你剛剛吃什麼？」

在 100 年前，有位心理學家設計了一項實驗，叫受測者去跑一些拼圖或算數之類的小任務，而當他們做完一半的任務後，狀況就來了——工作人員會開始亂入、中斷大家手邊工作。

實驗尾聲，科學家要求受測者回憶任務細節，結果發現每個人最先想起、記憶最清晰的，竟通通都是那些「未完成」的任務。

可見得，未完待續能喚來更強烈的動機，讓大腦優先處理這些待辦事項的相關訊息，使它們重複被喚起、持續停留在短期記憶裡，也就容易記得比已經完成的事還要鮮明。這現象後來就以這位心理學家的名字，被命名為「柴嘉尼效應」。

其實柴嘉尼效應的原理，正是透過焦慮感激發我們的動力，它甚至還額外附贈了更優秀的記憶及處理能力，希望我們可以好好把事情做完、不要半途而廢。可無奈的是，這麼立意良善的心理機制，最終還是沒能阻止我們要廢擺爛的決心——

只不過是害我們充滿焦慮地，去耍廢擺爛。

#良心不安堅持擺爛　#問心有愧仍要耍廢

你知道嗎？

聽不慣新歌代表你真的老了

PRODUCTION   DATE
SCENE   CUT   TAKE   INCREDIVILLE

你 去 KTV 唱歌時有沒有注意到，點的新歌越來越少、老歌越來越多，都 2022 了還在那邊心情好心情壞（2000）、還在難過的是放棄你放棄愛（2002）、還在終於看開愛回不來（2004）嗎？

有經濟學家從線上串流數據發現，一般人的音樂品味，約在 11 到 16 歲，差不多是國高中青少年階段逐漸成形，這時候聽的音樂（通常是當時的流行樂），大多會成為陪您走過一輩子的經典好歌，難怪人們會說「一日 56 迷終身 56 迷」。

雖然長大以後音樂喜好還會持續進化，對新音樂的探索一直要到 24 歲才達到巔峰，可一旦過了 30 歲，你聽的音樂就跟身高一樣，這輩子很難再有重大突破了。

除了賺錢養家變社畜這些因素，導致一定年紀後不再關心流行音樂外，鍾情老歌可能也和青少年體內激素變化有關：少年仔的賀爾蒙激素分泌旺盛、情緒起伏大，而強烈的情緒，往往能醞釀出更濃稠的記憶──包括常與其他回憶交疊的音樂記憶。

第一次把買參考書的錢拿去買 CD；第一次戴著耳機搭夜車離家到外縣市求學；第一次唱情歌向喜歡的對象告白；第一次聽慢歌配冰火品嚐失戀的苦。

陪你走過這些人生第一次的音樂，不只經典，更是無可取代的人生主題曲，跟耐不耐聽無關，單純是因為它陪你度過，這些情感最濃郁、最難以忘情的人生里程，而且老了以後很難再有類似體驗罷了。

正因為我們容易放大自己的主觀感受，而主觀感受又會受到生理及環境條件影響，一般人對音樂的好惡，很難做到完全客觀，我們面對新事物真的該多一點包容，不過說到最後，我還是堅持──范特西（2001）肯定是周杰倫最好的一張專輯。

181

你知道嗎？

有些人就是愛拖延改不了喔

PRODUCTION

DATE

SCENE | CUT | TAKE | INCREDIVILLE

你 是否有和我一樣的困擾：總是不到考前心不死，不見 deadline 不掉淚；老愛在最後 1% 的時間，才趕完 99% 的進度；深受一種叫「拖延症」的可怕絕症折磨？

嗯，這有可能是種天生痼疾，以後請不要太自責。

一份研究指出，在大腦中，有塊與獎勵及動機有關的前島葉。如果前島葉裡的多巴胺濃度越高，人也越容易受到短期利益吸引而分心，進而忽略那存在於遙遠未來的長期利益（拖延症的典型症狀）。

由於雌激素會影響多巴胺的水平，有科學家就據此推測：女生可能因此更容易分心或者拖延。而且一份新研究還發現，有一種 TH 基因，先天就會影響人體內的多巴胺濃度——換句話說，那些拖延症狀嚴重的人，的確有可能是天生生理條件造成[1]，不是說改就改的。

此外，有心理學家指出慣性拖延的人，思考比較靈活、對外界訊息也比較敏感。許多研究甚至發現，做事拖拖拉拉的人，似乎也是比較有創造力的一群人，你還是可以喊出：我拖延我驕傲（但建議是小聲一點）。

最後，我們要以一個病友的事蹟勉勵大家：過去有個病友，從接到命令以後，拖了整整 15 年才開工，然後又花了 3 年，才終於把老闆交代的事情辦成，結果竟然還能安全下莊，堪稱拖延症之光。

這個人叫達文西，他花了 18 年才畫完《最後的晚餐》。

#話說獵人畫了二十年還沒畫完呢

你知道嗎？

有些人就是愛遲到改不了！

PRODUCTION

SCENE　　　　CUT　　　　　　TAKE　　　INCREDIVILLE

DATE

掠奪他人生命，叫殺人（被關十年）；
掠奪他人金錢，叫強盜（被關五年）；
掠奪他人時間，叫遲到（無罪）。

為什麼有人總是慣性遲到，心理學其實一直想幫他們找藉口：或許是自我中心、想裝大牌引人注意，又或許是比別人早到容易浪費時間，因此遲到才是講求效率的表現（我沒騙你真的有這種說法）。

美國心理學家設計過一項實驗，要受測者在規定時間內完成一組拼圖，時間一到，就必須馬上按下身旁的按鈕，同時現場會留一個時鐘讓他確認有沒有超時。

結果實驗發現，沒辦法準時按下按鈕的人，注意力總放在拼圖上，很少會抬頭注意時鐘。相反地，目光會不時飄向時鐘的那些人，也是最後能一分不差按下按鈕的人。

這種時間管理能力，又叫「時間性前瞻記憶」（TBPM），意思是未來某個時間點要去做某件事的記憶，需要依靠周遭環境的「時間線索」來喚起。而因為有些人在過分專注眼前工作時，會依賴大腦那極度不可靠的時間感[2]，不去尋求專業時鐘的協助，也就容易遲到成性了。

所以想用科學方式解決朋友的遲到問題，在他視野可及之處填滿時鐘，應該最有用。因此我誠摯建議，以後只要他每遲到一次，你就送他一次鐘，謝謝。

註：人類的時間知覺非常不精準，會因為許多內外在因素而產生錯覺。

你知道嗎？

喜歡吃辣的人，大多具有
反社會人格特質喔

PRODUCTION
SCENE   CUT   TAKE   DATE
      INCREDIVILLE

STOP
WARNING!

事實上，辣根本不是一種味覺，而是嘴巴或舌頭上的痛覺受器，被辣椒素毆打所打引發的痛覺，而當人腦收到這個痛覺信號後，會為了止痛而釋出能帶來愉悅感的腦內啡，從而讓你感到噴火般的快感。

所以吃辣這件事呢，就跟看鬼片喝燒酒、坐雲霄飛車、或偷看前任臉書等行為差不多——本質上都是一種沒有實際危險的自虐，讓你從極小的痛苦中感到精神愉悅。

有類似嗜好的人，一般稱為良性受虐狂，只要沒有狂熱到影響生活就不用擔心。但有心理學研究發現，這些受虐狂，竟然和反社會人格有密切關聯。

這要先說到心理學有所謂的「黑暗三合一」也就是反社會人格最主要的負面特質：冷酷、自戀及不擇手段的自私自利③。

而研究指出，愛加辣辣的受虐狂們，往往和這三種暗黑屬性有所重疊，此外他們和反社會人格還有許多共同點：包括不太會害怕、對噁心不太敏感、很容易衝動、不太會避免傷害、以及追求冒險或感官刺激等等。

好在受虐狂跟真正的反社會人格之間，其實有個關鍵差異——他們對人大多更友善、更寬容更實誠、更接近一個好鬥陣的社會人，所以你也不用因此怕爆吃鍋都吃超辣的朋朋。

相較之下，我覺得那種吃鍋會加芋頭的，才是大家最該小心防範的危險分子——那已經不只是什麼反社會，根本就是反人類，謝謝。

你知道嗎？

男生很常會有
「他喜歡我」的錯覺喔

有科學家藉著非誠勿擾單身聯誼的名義，找來 1200 多位異性戀的男男女女，展開一場大型人類求偶行為研究。

在統計完所有問卷（包括吸引力評分）、並看完將近 4000 回合的男女交流後，心滿意足的科學家終於能宣布：

「比起女性，男性的確更常高估異性對自己的興趣。」

因為研究注意到，其實不管男女，人們普遍都會以小人之心度君子之腹——當我們越是喜歡一個異性，就越容易以為對方和我也有一樣相同感覺（並沒有）。但平均來說，男生對異性總是更感興趣，自然比較常產生她喜歡我的錯覺了。

有趣的是，研究還意外發現，當男生處於睡眠不足的狀態時，自作多情的傾向，還會更嚴重（但對女生則沒什麼影響），更容易誤會對方對自己有意思。

我想這會不會是因為他們連醒著的時候，都在作夢啊？

#還是多睡點吧　#夢裡什麼都有

你知道嗎？

發呆其實是很累的一件事

每當你宣布要讓腦袋停班停課時，大腦裡總會有些地方未達放假標準，這些還要照常上班上課的腦神經迴路，被科學家通稱為「預設模式網路」（DMN）。

DMN 的特色在於它不能幫你處理外界資訊，但除此之外，每當大腦開始想些有的沒的——舉凡編織未來、回憶過去或飛到太空游泳，任何只在你意識裡上演的腦內小劇場，其實都是 DMN 的守備範圍。

所以當你專注於眼前的工作時，DMN 幾乎沒事可幹，只能在旁邊看戲，得等到你開始放空擺爛後才會打卡上班。

而雖然這時候的你看起來像在節省能源，實際上消耗的能量卻不會變少——科學家發現，人在發呆時，也會因為 DMN 的高度運轉，導致大腦的耗能和沒發呆時差不多。

曾經有科學家透過實驗估算，即使一整天都在進行精密的燒腦工作，那比起整天耍憨，也不過多燃燒 100 大卡，大概就是少吃兩口飯的差距。

這證明，每天都無所事事的疲累程度，並不會輸那些忙到腦袋炸開的人，可見當薪水小偷也是很累人的，在此跟大家說聲辛苦了！

你知道嗎？

每兩個台灣人就有一個不會喝酒喔

PRODUCTION
SCENE | CUT | TAKE | INCREDIVILLE | DATE

你 知道台灣人其實是世界上，最不會喝酒的一群人嗎？

在前面講懶猴的時候，我們有說到靈長類體內有種酵素叫
「ALDH2」，會專門幫你代謝掉酒精中的壞分子──乙醛，所以當
ALDH2 基因發生變異時，就會導致「酒精不耐症」。

因為不耐，酒精中毒速度也就比別人更快，於是飲酒時更容易飲甲
茫茫渺渺顛顛倒倒④，小酌幾口，馬上被朋友圍洗「唉呦你臉紅啦」；
一次喝很多，回家包你痛到幾顆頭都不夠用。

像這樣的 ALDH2 變種人，放在全球人口中大概只佔 8%，算是難
得一見的少數，可在東亞沿海地區，卻會大量發生──比如中國有
35%、日本 30%、韓國 20%。至於台灣，更是高達 47%，比例世界
第一。每兩人就有一人喝醉以後叫不醒，堪稱是台灣最美麗的風景。

所以提醒大家，就算你自己超勇酒量超好，和你喝的朋朋，也有超
高機率兩杯暈三杯倒，為了彼此的健康著想，還請記得：

喝酒不拼酒，才是真朋友。

你知道嗎？

一個「孤獨的人」就連面對
另一半也會想保持距離喔

你有沒有遇過一種情境：明明朋友甚至另一半就在身邊，內心卻忽然被一股寂寞感給吞噬，彷彿只剩你孤單一人在對抗整個世界？

理論上，人會孤單寂寞覺得冷，是源自社會性動物的生存本能，拿槍逼著我們去和他人社交、建立連結。所以寂寞感的源頭其實很原始很天然，不是只限邊緣人或單身狗才能擁有。

換句話說，寂寞不單是外在條件造成的，如果你總是很難感受到他人的連結或支持，那縱使局很多、朋友很挺、另一半很愛你，心裡依舊可能產生強烈的自我保護意識，才能耐得住寂寞天天來敲門。

這種因「寂寞」（lonely）而生的保護意識，最終還會回過頭來，影響物理上的距離，使你成為一個偏好「孤獨」（alone）的人——總是很需要個人空間，就連面對另一半，也會想離得遠一點、不要靠太近⑤。

一般人最自在的社交距離，對陌生人平均為 120；對朋友為 90；對親密之人則為 30 公分。

而科學家透過問卷統計證實，一個孤獨之人，與生人朋友的社交距離，都和一般人差不多。但與親密之人相處時，理想距離卻會大於一般人的 30 公分標準，宛如再靠近就會融化般戒備著。

雖然科學家只是發現了這個現象，並沒有告訴我們該怎麼解決，但畢竟孤獨的源頭，是一個人對外界的感受方式、是他最真實的反應、也是他的性格偏好。所以我隱約覺得，與其說是一種心理問題，孤獨，會不會更像一種習慣或生活方式，根本不需要被醫治呢？

作為一個安於孤獨的人，我覺得自己過得很好，而我也衷心希望每個孤獨的你，都可以自在地，享受這種生活方式。

你知道嗎？

愛和動物說話是高智力的表現

「**低**底乖乖吼媽咪等下給你ㄅ罐罐捏」

惱人的高八度音、討打的疊字、喵喵喵汪汪叫之類沒意義的狀聲詞，不論這人原本有多聰明，一旦和動物講話，那他的整體智商，都像是瞬間掉到了負值。

但事實上，有行為科學家指出，像這樣嘗試與其他物種溝通的念頭，放眼地球，就只有人類會有——而且也只有人類有能力做到。

當人類喜歡上某種動物甚至某件物品時，會很自然地帶入自己的意識及想法，希望與對方的思想產生特殊連結，這就是所謂的「擬人化」。

擬人化的過程，涉及同理心的運作，與我們在社交時揣測他人想法非常類似，這不僅是人腦強大運算功能的表現，也是人類社會之所以能夠形成的關鍵。因此，就算動物根本不會因此和你溝通，和動物說話，還是能被視為智慧的象徵。

所以說阿，會和貓狗甚至雞鴨牛羊講話，正展現了人類智慧的結晶，不必感到丟臉。但如果你會和蛇講話，那就得特別提醒你——

蛇其實聽不到聲音，牠們基本上都是聾子[6]。

#會爬說語也沒用

你知道嗎？

喜歡講幹話的人，通常也
聽不出來別人在講幹話喔

過去的研究顯示，擅長說謊的人，往往也擅長拆穿別人的謊言。那以此類推，喜歡講幹話的人，是否也聽得出來，眼前有個人正在講幹話呢？

有科學家找來 200 位政壇潛力新星，這些人各自擅長一類，其實也不是說謊，可實際上就是沒任何建設性的胡說八道[7]：一種是會持續迴避問題核心的「閃話」大師；一種是把廢話講得很有說服力的「幹話」大師。

接著，實驗要求這些大師，去鑑定各種垃圾話的垃圾程度：比如說以艱深詞彙堆疊出的垃圾話（一份後現代唯物論結構主義文本）；或是利用科學專有名詞拼湊的垃圾話（量子能量態因波長干擾產生逆熵效應）；最後還有擺明是道聽塗說的假新聞（吃滷肉飯恐導致不孕）。

研究結果發現，對於這三種垃圾言論，幹話大師幾乎沒有抵抗力，通通照單全收，顯見他們根本分不出來人家是不是在講幹的。而閃話大師除了比較有能力分辨假新聞，對另外兩種垃圾話也沒有明顯識別能力。

除此此外，喜歡講幹話的人，對自己的智力表現往往也有著高度自信，但諷刺的是，他們的認知能力得分其實偏低，而且在自身思想或行為上的反省比常人少，對「只要你往前，很多東西就在你後面了」這類的雞湯系幹話也特別願意買單。

以往看到那些狂講幹話的人，我們常會疑惑這些人究竟是太壞還是太蠢，有了這份研究結論，我想以後可以合理推斷：他們應該都是真的蠢啦。

你知道嗎？

長越醜的人越會高估自己吸引力

PRODUCTION

SCENE   CUT   TAKE   INCREDIVILLE   DATE

越是無知的笨蛋，就越是沒有能力意識到自己的無知、越容易顯得自大可笑，這就是心理學著名的「達克效應」。但其實不只是人們的內在，就連外在也會有類似的現象：

外表越是沒有吸引力的人，對自己的外表反而越有自信。

實驗要求互不相識的陌生人一對一決鬥：先為自己的吸引力打分數、再幫對方打。結果發現，除非對手等級高到能直接輾過去，否則大部分的決鬥者都有信心壓制對手，認為自己的外表比對方更性感迷人一點，顯示人們普遍有高估自身魅力的毛病。

更有趣的是，長相和自信之間竟然還呈反比：顏值墊底組的信心，和客觀評價落差最大，常誤以為自己的吸引力大於或等於平均值，反倒是那些顏值超過 9000 的彭于晏王祖賢們，往往會覺得自己相貌平庸沒那麼好看。

後續研究進一步發現，低顏值的人就連審美觀都很叛逆——除了自己，他們也很容易誤判別人吸引力，相對的，高顏值的人更能掌握主流眼光，在評價他人魅力時通常更準確（自己除外）。

所以你也許可以說這些人並非長得好看又謙虛，而是因為長得好看，所以才有本錢謙虛。科學家至今無法解釋為什麼會有這種現象，但作為顏值墊底組，我想不能怪我，應該要該怪我媽——為什麼她以前都要騙我我長得很帥？？？

#早餐店阿姨也是共犯

你知道嗎？

我們每個人都有一個甜點胃喔

當 身體需要補充能量的時候，胃會分泌飢餓肽，催促大腦趕快去 覓食。這種激素通常會在你吃飽以後收工回家，可是當甜點進場時， 它就得被迫加班，害你忽然感到「我還有點餓」。

這種胃容量突然升級的現象，便是我們俗稱的「甜點胃」。

這可能是因為在看到甜點的瞬間，高糖分、高熱量食物所帶來的幸 福回憶，能喚醒大腦的獎勵機制、拉高多巴胺水平，並且和飢餓肽 交互作用，提高它的分泌量，使被封印的飢餓感再次跑出來禍害人 間。

而且因為邊際效益遞減的關係，這時候再繼續吃飯，爽度也大不如 前，必須換個口味才能從獎勵機制獲得更多滿足，所以才會感到胃 只容得下甜點。

雖然你以為胃還有空間，可實際上，胃既沒有變大，更沒有憑空多 長一個出來。明明在物理上已經吃飽了卻還要繼續吃，結果就是吃 太多吃過頭。所以請記得：

「我還能吃」，就像「他喜歡我」、「我能反殺」、或者「我穿了 也會跟媽抖一樣好看」一樣，終究是個錯覺，千萬不要被騙。

你知道嗎？

人老了就會覺得時間變快了喔

PRODUCTION
SCENE   CUT   TAKE   INCREDIVILLE
DATE

從物理世界來看，只要你跟我都在地球上，那我們的時間，並不會有快或慢的區別，但在主觀的心理感受上就不是這樣了。

有太多因素會影響人們對時間的感受，比方說是心情──雖然秒針只跑了 60 秒，可如果把這一分鐘拿來等學妹回訊息，那份緊張感能讓你感到像過了十年。又比如說是今天要講的「年紀」：心理學研究證實，隨著年齡增長，人們是真的會覺得時間流逝得更快了。

這背後的原因不只一個，首先是小孩子的腦神經比較年輕，處理視覺訊息的速度比成人快了一點，所以在他們眼中，世界其實會稍微慢一點（類似閃電俠看其他人都是慢動作）。

其次是能回憶的事件越多，越容易讓人感到所經歷的時間更長[8]。而當你年紀還小時，這個世界還很陌生，隨時都有新的刺激，可以催生出新的記憶，可隨著長大成人，對各種刺激逐漸麻痺後，因為每天都長得差不多、沒什麼好記的，時間自然也逃得更快了。

所以科學家也建議，想讓時間慢下來，最好的方法還是學學新東西、交交新朋友，積極接觸新事物，重新燃起對生活的熱情。

不過如果你剛好在星期一看到這篇，那我建議還是先讓時間快轉到星期五再重燃熱情啦。

你知道嗎？

貧窮會改變你的大腦結構喔

科學證實，貧窮不只會限制想像力，還有可能改變大腦結構，影響你的記憶及認知能力。

有研究發現，如果長時間經歷貧窮生活，那大腦中負責記憶及運算處理的灰質，會變得比沒體驗過貧窮的人還要薄，在認知測驗上的表現也會別人差。

科學家推論，這可能要怪貧窮所衍生的壓力：每天為錢所苦、總在為幾塊錢斤斤計較，如此心神消耗，會逐漸削弱人的認知能力，嚴重程度甚至被認為和睡眠不足差不多恐怖。

值得一提的是，這項研究還刻意分出「認定自己有經濟困難組」包括那些其實不窮，卻硬要說自己很窮的人⑨。結果發現，他們在其中幾項認知測驗中，表現竟然和真正的窮人差不了多少。

所以以後月底又想哭么，自己窮到要被鬼抓走時，多想三分鐘，你可以不用殘害自己的大腦。

你知道嗎？

戴口罩能讓你變得更好看，如果沒有，
那是因為你本來就長得太好看

你最近有沒有發現，隨著口罩用量狂飆，路人的平均顏值好像也衝到史上新高？就算醜到沒人要，只要乖乖戴口罩，任誰都可以帥如李敏鎬美似宋慧喬，對於這種口罩整容術最常見的解釋，就是所謂的完形心理在那邊鬧：

因為我們的大腦偏好終極統一，所以當雙眼接收到零碎或局部的訊息時，認知系統絕不會承認它們是各自獨立，總會試圖找出各個訊息間的共同連結，好將這些片段拼湊成一個整體印象。

而看到一個人只露出半張臉時也是如此，大腦會擅自補完視覺沒捕捉到的臉部輪廓，並且朝著更理想的方向去加油添醋——有研究就發現，在戴上口罩以後，不論本來的臉型是方是圓、是長是扁，都會被多數人腦補成底下藏著一張小 V 臉。

但先不要急著去搶口罩，耐心聽我說完。這個研究後來又找來一群大學生做實驗，要他們為 66 位男女的大頭照打吸引力評分（每張照片都有戴上／卸下口罩兩個版本）。

結果顯示，如果真面目只有中低程度，那猶戴口罩半遮面的確會提高吸引力指數，可要是你本來就正到超標帥到破表，口罩不但會扣分，而且扣得還不少。

雖然背後原因還不清楚，但可以確定，並不是任何人戴上口罩都能使顏值 UPUP，在搶口罩前最好先搞清楚使用方法及時機，才有辦法發揮最大效用，避免不必要的浪費。

像我就很清楚我該怎麼戴最適合，我把整張臉遮起來的時候最帥。

#不要出門嚇人就連口罩都省了呢

你知道嗎？

你的朋友未必也把你當朋友喔

你是否也曾埋怨過你的閨蜜麻吉：我當你兄弟，你把我當菸蒂？你有難我兩肋插刀，我有難你卻背後補刀？

先別懷疑人生，有類似問題的絕不只有你。一群疑似被「朋友」背刺過，想要趁機報復社會的科學家們，就為此籌備了一場殘酷的友情大實驗。

實驗先請受試者列出一些朋友，並按照熟識程度，打出 0 到 7 分的評分。接著再請那些被提名的朋友做同樣的評比，結果發現，這些友誼當中只有五成是對等的，有近半數會出現你給他 7 分、他只給你 5 分；他給你 5 分，你卻只給他 4 分這樣的落差。

這個你朋友不把你當朋友的現象，背後可能是所謂的「友情悖論」在作祟：你最先想到的朋友，往往是能力或社會地位，都比自己高出一級的那個強者我朋友。

這份研究還指出，隨著年齡增長，人們更傾向把地位高於自己的人視為好友，於是「朋友」越來越像一種社交頭銜，逐漸無法反映真實的情感交流狀態，你就不免感嘆「我朋友很懂 social，但是沒有一個懂我」。

所以要是你也期待朋友間的付出能對等，最好多注意，別讓自己困於友情悖論，錯把期待投往情感上並不對等的人，如果只想付出不奢求回報，我看還不如去養隻貓——

是的，貓一樣不會把你當朋友，而且地位一樣會比你高喔！

第六章補充筆記

1. 關於「拖延症是天生的」這個命題，其實還有非常多類似研究：例如有科學家在分析一些拖延症患者大腦後發現，他們腦中與恐懼有關的杏仁核偏大，而且杏仁核與行動區域的連結功能也偏弱。這表示，他們雖然比較容易陷入焦慮，卻也比較難把焦慮轉化成必要行動（拖延症的典型症狀）。

   此外，也有科學家在異卵雙胞胎和同卵雙胞胎之間，進行拖延測試量表評量，結果發現拖延症在同卵雙胞胎上，的確存在更高的關聯性。這顯示，拖延症與成長環境間的關係，或許都沒有基因來的緊密，也許當未來有更多研究證實這層因果關係後，我這個資深患者還可以領到什麼補助吧。

2. 因為時間性前瞻記憶（time-based prospective memory）這名詞有點硬，這邊再多說明一下：所謂的「前瞻記憶」，有別於想起以前發

生過什麼事的「回顧記憶」，指的是未來某一刻，將進行某一任務的記憶。

而「時間性」前瞻記憶，其實也是相對於「事件性」前瞻記憶來說的：比如說「放學後」要去補習，這叫做事件性，而「晚上 7 點」要去補習，就叫做時間性。一般來說，時間這個變項更複雜，所以事件性記憶所消耗的大腦資源會比較少。這其實也能合理解釋，年紀大的人會更容易遲到——因為大腦真的沒有太多餘裕，去處理複雜的時間性前瞻記憶。

3. 反社會人格並不全部由負面特質組成，他們通常還有積極進取、喜歡追求刺激及冒險、熱衷於成就感等正面特質，只是特別不在意像是仁慈、誠實及安全感等普遍價值。而受虐狂跟反社會人格，在大多數的價值觀上都很相似，尤其是在不在意安全感及追求刺激等方面，只是多了仁慈這個特質，就足以形成很大的區別了。

當然啦，這種跟醫學診斷有關的東西，還是要以專業醫師的評估為準，我們只是講一個非常簡單的結論，究竟要怎樣才算是反社會人格，其實還需要進行複雜的量表評估才能確定喔。

4. 除了喝酒以後容易臉紅冒汗頭痛想吐，ALDH2 的變異還會導致一個很可怕的結果：超危險的一級致癌物乙醛，會無法完整被代謝掉，導致罹患頭頸及食道癌的風險，會高出無變異者 50 倍。

5. 這邊的孤單與寂寞，主要是借用蔣勳老師的定義：「寂寞會發慌，但孤獨是飽滿的」。孤獨更像是一種中立的物理狀態（alone），而不像孤單或寂寞，屬於一種負面的心理狀態（lonely）。按照這個邏輯，只要人可以試著跟孤獨和平共處，那孤獨就沒有不好、也不會在孤獨時感到寂寞，這也是為什麼我認為「孤獨」可以做為一種生活方式的理由。

6. 蛇主要是依靠地面的震動來感知聲音，並不是靠耳朵接收聲波，所以不能算「聽到」，而且通常也只能感受到頻率較低的聲音。

7. 這篇研究所謂的幹話，指的是英文中的「狗屎（bullshit）」這個詞。它和謊言最大的不同在於，謊言旨在隱藏真相，可狗屎幹話旨在說服他人，言論本身是真是假並不重要。而提出這個概念的哲學家認為，比起謊言，大眾對幹話的接受度更高，使得它對社會更加有害。因為說謊的人依舊在意真相，可講幹話的人根本不在乎事件真偽，如果大眾習慣了這些幹話，便會越來越不在意真相，所以幹話才是真理最大的敵人。

8. 關於老了時間會變快，還有一個解釋是，當你活得越來越久，某段時間在人生當中佔據的比例，也被拉得越來越低，這點同樣能讓你感到時間變快了：5歲時，一年就佔了你人生的五分之一，但到30歲時，一年不過只是三十分之一，這一年時間的價值，自然就變得沒那麼重大了。

9 要強調一下，關於喊窮真會讓人變窮的研究，背後的意義其實是很嚴肅的：貧窮真正可怕之處在於，它不只讓人物質上有所匱乏，甚至會將擺脫貧窮的機會也一併剝奪掉。想想看，當你的記憶和認知能力都變差時，在工作或課業上的表現，不也容易降低嗎？這時再說什麼肯努力就能翻身，恐怕都只是美好的幻想罷了。我想這也是為什麼「免於匱乏的自由」，應該被視為是普世人權——得先確保人人都有起碼的經濟基礎，這個社會才有可能實現機會平等。

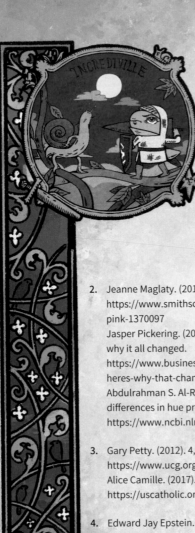

第一章

1. Kevin Loria. (2015). No one could see the colour blue until modern times.
   https://www.businessinsider.com.au/what-is-blue-and-how-do-we-see-color-2015-2
   Fiona MacDonald. (2016). Scientists Have Found a Woman Whose Eyes Have a Whole New Type of Colour Receptor.
   https://www.sciencealert.com/scientists-have-found-a-woman-whose-eyes-have-a-whole-new-type-of-colour-receptor

2. Jeanne Maglaty. (2011). When Did Girls Start Wearing Pink?
   https://www.smithsonianmag.com/arts-culture/when-did-girls-start-wearing-pink-1370097
   Jasper Pickering. (2017). Pink used to be a boy's colour and blue a girl's – here's why it all changed.
   https://www.businessinsider.com/pink-used-to-be-boys-colour-and-blue-girls-heres-why-that-changed-2017-10
   Abdulrahman S. Al-Rasheed. (2015). An experimental study of gender and cultural differences in hue preference.
   https://www.ncbi.nlm.nih.gov/pmc/articles/PMC4311615/

3. Gary Petty. (2012). 4,000 Years of Christmas.
   https://www.ucg.org/the-good-news/4000-years-of-christmas
   Alice Camille. (2017). Was Jesus born on Christmas?
   https://uscatholic.org/articles/201712/was-jesus-born-on-christmas/

4. Edward Jay Epstein. (1982). Have You Ever Tried to Sell a Diamond?
   https://www.theatlantic.com/magazine/archive/1982/02/have-you-ever-tried-to-sell-a-diamond/304575/
   Wikipedia. "De Beers". Retrieved Dec. 01, 2019.
   https://en.wikipedia.org/wiki/De_Beers?fbclid=IwAR1rt4NviaiF-M54RfVsJXmra-a5itYvxP3EkeSWZmZSbYTI98Mn4slljnM

5.   本文靈感來自蔡依橙的閱讀筆記。Wikipedia. "Idiot". Retrieved Aug. 09, 2019.
      https://en.wikipedia.org/wiki/Idiot?fbclid=IwAR2eQerlUA6UuTd0iH7BvIgAREEYjndMwwgv
      XFZnXRicbo6xSVuCnsGqT2A
      Paul Halsall. (2002). Ancient History Sourcebook: Thucydides (c.460/455-c.399 BCE):
      Pericles' Funeral Oration from the Peloponnesian War (Book 2.34-46). https://sourcebooks.
      fordham.edu/ancient/pericles-funeralspeech.asp

6.   Melanie Radzicki McManus. (2014). 10 Completely Wrong Sayings About Animals. https://
      animals.howstuffworks.com/animal-facts/10-wrong-sayings-animals.htm#pt3
      Wikipedia. "Humming bird". Retrieved Oct. 16, 2019.
      https://en.wikipedia.org/wiki/Hummingbird

7.   T. Yu. Samgina. (2012). Composition and Antimicrobial Activity of the Skin Peptidome of
      Russian Brown Frog Rana temporaria. https://pubs.acs.org/doi/abs/10.1021/pr300890m?f
      bclid=IwAR0SlBy4mhFDSuG4mB6jr6CXtmmMdWfi27b2nHAanBby6LvD-qa-Qj90LiU&
      American Chemical Society. (2012). Frog-in-bucket-of-milk folklore leads to potential new
      antibiotics. https://phys.org/news/2012-12-frog-in-bucket-of-milk-folklore-potential-
      antibiotics.html

8.   Ekrem Buğra Ekinci. (2017). Love of cats a sign of faith in Islam.
      https://www.dailysabah.com/feature/2017/12/11/love-of-cats-a-sign-of-faith-in-islam?fbcl
      id=IwAR1qnyFAhZtLm3dXMLFChlVeND4hDo-0ln_FMjItNK6KKOdA_ik-OWhkRUE
      The Economist. (Feb. 9, 2017). Istanbul's love of street cats
      https://www.economist.com/prospero/2017/02/09/istanbuls-love-of-street-cats

9.   泛科學。2019 年 4 月 22 日。梅毒怎麼爆發的？淫掠一時爽，事後火葬場──《哥倫布大交換》。
      https://pansci.asia/archives/157172
      Johanna Sophia Gaul. (2015). A probable case of congenital syphilis from pre-Columbian
      Austria. https://pubmed.ncbi.nlm.nih.gov/26482430/
      M Tampa. (2014). Brief History of Syphilis.
      https://www.ncbi.nlm.nih.gov/pmc/articles/PMC3956094/

10.　洪丹。2016 年 6 月 7 日。【雨下大了】。
https://www.facebook.com/permalink.php?story_fbid=658504884300869&
id=100004240897742
Adrienne Crezo. (2015). 15 International Idioms That Describe Heavy Rain.
https://www.mentalfloss.com/article/12931/15-international-idioms-describe-heavy-rain
History Extra. (Oct. 22, 2014). Why do we say 'raining cats and dogs'?
https://www.historyextra.com/period/early-modern/why-do-we-say-raining-cats-and-
dogs/

11.　GE Weissengruber. (2002). Hyoid apparatus and pharynx in the lion (Panthera leo), jaguar
(Panthera onca), tiger (Panthera tigris), cheetah (Acinonyx jubatus) and domestic cat (Felis
silvestris f. catus).
https://www.ncbi.nlm.nih.gov/pmc/articles/PMC1570911/
Wikipedia. "Leo the Lion (MGM)". Retrieved Aug. 03, 2020.
https://en.wikipedia.org/wiki/Leo_the_Lion_(MGM)

12.　David A. Wiss. (2018). Sugar Addiction: From Evolution to Revolution.
https://www.ncbi.nlm.nih.gov/pmc/articles/PMC6234835/
Jordan Gaines Lewis. (2019). Here's What Happens to Your Brain And Body if You Give Up
Sugar For Lent.
https://www.sciencealert.com/here-s-what-happens-to-your-brain-when-you-give-up-
sugar
Magalie Lenoir. (2007). Intense sweetness surpasses cocaine reward.
https://pubmed.ncbi.nlm.nih.gov/17668074/

13.　Marissa Payne. (2017). Move over, blood doping; cyclists might be 'poop doping' soon.
https://www.washingtonpost.com/news/early-lead/wp/2017/06/20/move-over-blood-
doping-cyclists-might-be-poop-doping-soon/
Mireia Valles-Colomer. (2019). The neuroactive potential of the human gut microbiota in
quality of life and depression.
https://www.nature.com/articles/s41564-018-0337-x
ScienceDaily. (May 6, 2019). Transplanting gut bacteria alters depression-related behavior,
brain inflammation in animals.
https://www.sciencedaily.com/releases/2019/05/190506163642.htm

14. Richard Grant. (2018). Do Trees Talk to Each Other?
https://www.smithsonianmag.com/science-nature/the-whispering-trees-180968084/
Ephrat Livni. (2017). A biologist believes that trees speak a language we can learn.
https://qz.com/1116991/a-biologist-believes-that-trees-speak-a-language-we-can-learn/
BBC News. (Jun 29, 2018). How trees secretly talk to each other.
https://www.youtube.com/watch?v=yWOqeyPIVRo

第二章

1. John Whitfield. (2002). Penguins sleep deeply in the afternoon.
https://www.nature.com/articles/news020923-3
ScienceDaily. (Jul. 6, 2016). King penguins keep an ear out for predators.
https://www.sciencedaily.com/releases/2016/07/160706091508.htm

2. Clément Vinauger. (2018). Modulation of Host Learning in Aedes aegypti Mosquitoes.
https://www.cell.com/current-biology/fulltext/S0960-9822(17)31617-2
Michelle Z. Donahue. (2018). First-Ever Evidence That Mosquitoes Can Be Trained.
https://www.nationalgeographic.com/animals/article/swat-mosquitoes-repellent-memory-learning-health-science

3. Wikipedia. "Spotted hyena". Retrieved May 28, 2020.
https://en.wikipedia.org/wiki/Spotted_hyena
Wikipedia. "Pseudo-penis". Retrieved May 28, 2020.
https://en.wikipedia.org/wiki/Pseudo-penis
Matt Simon. (2014). Fantastically Wrong: The Poor, Misunderstood Hyena Can't Help That
It Has Weird Sex.
https://www.wired.com/2014/05/fantastically-wrong-sexually-deviant-hyenas/

4. Doug Bolton. (2015). Death metal music attracts sharks, documentary crew finds out.
https://www.independent.co.uk/news/science/death-metal-music-attracts-sharks-documentary-crew-finds-out-10381295.html
Discovery. (Jul. 9, 2015). Sharks Love Death Metal.
https://www.youtube.com/watch?v=EzCbsw3WgTk

5. Mara Grunbaum. (2019). Why Does Freshly Cut Grass Smell So Nice?
https://www.livescience.com/65400-why-freshly-cut-grass-smells-good.html
Matt Soniak. (2012). That "Fresh Cut Grass" Smell Is a Distress Signal.
https://www.mentalfloss.com/article/30573/what-causes-fresh-cut-grass-smell

6. Kess Siegel. (1988). Basics of Life : Elephant Seal's Annual Ritual of Sex,
Violence Displays the Interaction of Fighting and Fathering.
https://www.latimes.com/archives/la-xpm-1988-04-24-mn-2534-story.html

7. Mike Pearl. (2015). By Studying Skinny Apes, Science Figured Out Why Humans Are So Fat.
https://www.vice.com/en/article/nn9bq7/science-can-now-explain-why-humans-are-
such-
fat-apes-394
ScienceDaily. (May 4, 2016). Humans have faster metabolism than closely related primates,
enabling larger brains.
https://www.sciencedaily.com/releases/2016/05/160504141118.htm
Julie Steenhuysen. (2011). Orangutans shed light on obesity in people.
https://www.reuters.com/article/us-obesity-orangutans/orangutans-shed-light-on-
obesity-
in-people-idUSTRE7BD03620111214

8. Maurício Eduardo Graipel. (2019). Melanism evolution in the cat family is influenced
by intraspecific communication under low visibility.
https://journals.plos.org/plosone/article?id=10.1371/journal.pone.0226136
Riley Black. (2019). Why Are Black Leopards So Rare?.
https://www.smithsonianmag.com/science-nature/why-are-black-leopards-so-
rare-180973820/

9. John Davenport. (2017). Crying a river: how much salt-laden jelly can a leatherback turtle
really eat?
https://journals.biologists.com/jeb/article/220/9/1737/19626/Crying-a-river-how-much-
salt-laden-jelly-can-a
Larisa Bennett. (2018). SEA TURTLES Cheloniidae and Dermatochelyidae.
https://ocean.si.edu/ocean-life/reptiles/sea-turtles

10. James Cave. (2020). Is Beaver Butt Really Used To Flavor Your Dessert? Here's What You Should Know.
https://www.huffpost.com/entry/beaver-butt-might-be-in-your-ice-cream-heres-what-you-should-know_n_56f1a037e4b09bf44a9ed259
Mollie Bloudoff-indelicato. (2013). Beaver Butts Emit Goo Used for Vanilla Flavoring.
https://www.nationalgeographic.com/news/2013/10/beaver-butt-goo-vanilla-flavoring/

11. ScienceDaily. (July 23, 2020). Young dolphins pick their friends wisely. （標題和網址不符）
https://www.sciencedaily.com/releases/2020/07/200723172000.htm
LiveScience. (May 08, 2006). Dolphins Name Themselves
https://www.livescience.com/748-dolphins.html

12. New York Times. (2020). Bumblebee Vomit: Scientists Are No Longer Ignoring It.
https://www.nytimes.com/2020/01/22/science/bees-vomit-nectar.html?searchResultPosition=9
Julie R. Thomson. (2017). FYI, Honey Is Basically Bee Vomit.
https://www.huffpost.com/entry/what-is-honey_n_58c6a525e4b0d1078ca80e2c

13. Ravi D. Nath. (2017). The Jellyfish Cassiopea Exhibits a Sleep-like State.
https://www.cell.com/current-biology/fulltext/S0960-9822(17)31023-0
Allison Eck. (2017). This Animal Sleeps But Has No Brain.
https://www.pbs.org/wgbh/nova/article/this-animal-sleeps-but-has-no-brain/

14. Virginia Morell. (2014). It's Time to Accept That Elephants, Like Us, Are Empathetic Beings.
https://www.nationalgeographic.com/animals/article/140221-elephants-poaching-empathy-grief-extinction-science
For Elephants. (2020). 5 Facts about how elephants sleep.
https://www.4elephants.org/blog/article/5-Facts-About-How-Elephants-Sleep
Wikipedia. "Elephant cognition". Retrieved Aug. 28, 2021.
https://en.wikipedia.org/wiki/Elephant_cognition#Death_ritual

第三章

1. Karen Wu. (2020). Why Orange Cats Are So Special, According to Science.
    https://www.psychologytoday.com/us/blog/the-modern-heart/202009/why-orange-cats-are-so-special-according-science
    Mikel M. Delgado. (2015). Human Perceptions of Coat Color as an Indicator of Domestic Cat Personality.
    https://www.tandfonline.com/doi/abs/10.2752/175303712X13479798785779

2. ScienceDaily. (Sept. 4, 2019). Squirrels listen in to birds' conversations as signal of safety.
    https://www.sciencedaily.com/releases/2019/09/190904141302.htm
    Linda Poon. (2019). Squirrels Are Professional Eavesdroppers.
    https://www.theatlantic.com/science/archive/2019/09/what-does-the-squirrel-say-chirp-chirp/598990/

3. Amandine Ramos. (2016). Collective decision making during group movements in European bison, Bison bonasus.
    https://hal.archives-ouvertes.fr/hal-01298680
    Jason G. Goldman. (2016). Bison "Vote" on the Direction They'd Like the Herd to Move.
    https://www.scientificamerican.com/article/bison-vote-on-the-direction-they-d-like-the-herd-to-move/

4. Robert Ferris. (2013). A scientifically accurate 'Finding Nemo' would have been very different.
    https://www.businessinsider.com/clownfish-sex-changes-and-finding-nemo-2013-8
    陳其暐。2017 年。【水下新知】多元世界超乎想像 從性別轉換一窺生物奧秘。
    https://e-info.org.tw/node/209269

5. Michelle Starr. (2019). We Just Learned Baby Birds Communicate With Each Other From Inside Unhatched Eggs.
    https://www.sciencealert.com/baby-birds-can-communicate-with-each-other-from-inside-their-unhatched-eggs
    ScienceDaily. (Mar. 27, 2010). Mother birds know best -- even before birth.
    https://www.sciencedaily.com/releases/2010/03/100311141209.htm
    Pat Leonard. (2016). Baby Birds Learn Calls From Their Mothers While Still In The Egg.
    https://www.allaboutbirds.org/news/baby-birds-learn-calls-from-their-mothers-while-still-in-the-egg/

6.   Jennifer Welsh. (2011). Miraculous! Dolphin Healing Powers May Help Humans.
     https://www.livescience.com/15150-dolphin-recovery-human-healing.html
     Maureen Langlois. (2011). Shark Bites No Match For Dolphins' Powers Of Healing.
     https://www.npr.org/sections/health-shots/2011/07/26/138677504/shark-bites-no-match-
     for-dolphins-powers-of-healing

7.   Wikipedia. "Greenland shark". Retrieved Aug. 11, 2019.
     https://en.wikipedia.org/wiki/Greenland_shark
     Rebecca Morelle. (2016). 400-year-old Greenland shark 'longest-living vertebrate'.
     https://www.bbc.com/news/science-environment-37047168

8.   David R. Samson. (2014). Chimpanzees Preferentially Select Sleeping Platform
     Construction Tree Species with Biomechanical Properties that Yield Stable, Firm, but
     Compliant Nests.
     https://journals.plos.org/plosone/article?id=10.1371/journal.pone.0095361
     Christine Dell'Amore. (2014). Chimpanzees Make Beds That Offer Them Best Night's Sleep.
     https://www.nationalgeographic.com/news/2014/4/140416-chimpanzees-trees-sleep-
     beds-animals-science/

9.   R. Ramachandran. (2018). Parthenogenesis in birds: a review.
     https://rep.bioscientifica.com/view/journals/rep/155/6/REP-17-0728.xml
     Wikipedia. "Parthenogenesis". Retrieved Apr. 22, 2019.
     https://en.wikipedia.org/wiki/Parthenogenesis

10. Samuel R. Gochman. (2016). Alcohol discrimination and preferences in two species of
     nectar-feeding primate.
     https://royalsocietypublishing.org/doi/10.1098/rsos.160217
     Ian Sample. (2016). Party animal: slow loris study reveals preference for highly alcoholic
     drinks.
     https://www.theguardian.com/science/2016/jul/20/party-animal-slow-loris-aye-aye-
     lemur-study-reveals-preference-for-highly-alcoholic-drinks

11. Stephanie Pappas. (2012). Semen May Trigger Ovulation.
https://www.livescience.com/22530-semen-may-trigger-ovulation.html
Olivia Petter. (2019). Female orgasm could have originated from reflex triggering ovulation, study suggests.
https://www.independent.co.uk/life-style/orgasm-sex-rabbits-study-female-ovulation-function-eggs-release-a9127591.html

12. Jason Daley. (2018). Termites Are Moving in With Cockroaches, Taxonomically.
https://www.smithsonianmag.com/smart-news/termites-are-moving-cockroaches-taxonomically-180968332/
Charles Q. Choi. (2008). Termites Are Actually Social Cockroaches.
https://www.livescience.com/1447-termites-social-cockroaches.html

第四章

1. Katie L. Burke. (2018). Life's a Gas
https://www.americanscientist.org/article/lifes-a-gas
Swimming with the manatees. (2018). Do Manatees Fart?
https://swimmingwiththemanatees.com/do-manatees-fart/

2. Hardy Graupner. (2020). Coronavirus scare: When will 'hamsterkauf' become an English word?
https://www.dw.com/en/coronavirus-scare-when-will-hamsterkauf-become-an-english-word/a-52635400

3. David M. Lavigne. (2018).Harp Seal.
https://www.sciencedirect.com/topics/agricultural-and-biological-sciences/harp-seal
Canadian Geographic. (2006). Animal Facts: Harp seal.
https://www.canadiangeographic.ca/article/animal-facts-harp-seal

4. SCMP. (Oct. 9, 2019). Whales 'whisper' to keep young safe near predators.
https://www.scmp.com/news/world/europe/article/3032085/whales-whisper-keep-young-safe-near-predators
Jennifer Mueller. (2019). What Preys on Humpback Whales?.
https://animals.mom.com/preys-humpback-whales-3735.html

5. Michele Debczak. (2017). It's Illegal to Own Only One Guinea Pig in Switzerland
http://mentalfloss.com/article/502372/it%E2%80%99s-illegal-own-single-guinea-pig-switzerland
Animal Technology and Welfare. (2004). Environmental Enrichment for Guinea Pigs: A Discussion by the Laboratory Animal Refinement & Enrichment Forum.
https://awionline.org/content/environmental-enrichment-guinea-pigs-discussion-laboratory-animal-refinement-enrichment-foru

6. Alexandra McQueen. (2017). Bright birds are cautious: seasonally conspicuous plumage prompts risk avoidance by male superb fairy-wrens.
https://royalsocietypublishing.org/doi/10.1098/rspb.2017.0446
ScienceDaily. (June 28, 2017). The trouble with being a handsome bird.
https://www.sciencedaily.com/releases/2017/06/170628095820.htm

7. J. E. Mazur. (1996). Procrastination by pigeons: preference for larger, more delayed work requirements.
https://www.ncbi.nlm.nih.gov/pmc/articles/PMC1350069/
Thomas R. Zentall. (2018). Procrastination in the pigeon: Can conditioned reinforcement increase the likelihood of human procrastination?
https://link.springer.com/article/10.3758/s13423-017-1409-2
Heather Manitzas Hill. (2018). To Procrastinate or to Precrastinate? – That is the question, whether pigeon or human.
https://featuredcontent.psychonomic.org/to-procrastinate-or-to-precrastinate-that-is-the-question-whether-pigeon-or-human/

8. 曾柏諺。2019 年 2 月 20 日。【贏了你，輸了世界又如何？打輸的蟋蟀竟靠「這招」成功當叛徒！】
https://www.facebook.com/photo.php?fbid=2393520344051518
Varvara Yu. Vedenina. (2018). Loser in Fight but Winner in Love: How Does Inter-Male Competition Determine the Pattern and Outcome of Courtship in Cricket Gryllus bimaculatus?
https://www.frontiersin.org/articles/10.3389/fevo.2018.00197/full

9. rrr518（廢文族の里莎）。2018 年 11 月 19 日。Re: [問卦] 海底的鯊魚是不是很無聊。
   https://www.ptt.cc/bbs/Gossiping/M.1542613555.A.00F.html
   Will Oremus. (2014). The Global Internet Is Being Attacked by Sharks, Google. Confirms.
   https://slate.com/technology/2014/08/shark-attacks-threaten-google-s-undersea-internet-cables-video.html
   R. Douglas Fields. (2007). The Shark's Electric Sense.
   https://www.scientificamerican.com/article/the-sharks-electric-sense/

10. Daniel Charbonneau. (2017). Who needs 'lazy' workers? Inactive workers act as a 'reserve' labor force replacing active workers, but inactive workers are not replaced when they are removed.
    https://journals.plos.org/plosone/article?id=10.1371/journal.pone.0184074
    Peter Dockrill. (2017). 40% of Worker Ants Are Actually Lazy Slackers, But They Have Their Reasons.
    https://www.sciencealert.com/many-worker-ants-are-actually-lazy-slackers-but-there-s-a-good-reason-for-that

11. National Geographic. "Koala". Retrieved Oct. 17, 2018.
    https://www.nationalgeographic.com/animals/mammals/facts/koala
    Wikipedia. "Koala". Retrieved Oct. 17, 2018.
    https://en.wikipedia.org/wiki/Koala

12. M. A. Owen. (2014). An experimental investigation of chemical communication in the polar bear.
    https://zslpublications.onlinelibrary.wiley.com/doi/full/10.1111/jzo.12181
    CBC News. (Nov. 30, 2014). Polar bears' stinky feet may help attract mates: study.
    https://www.cbc.ca/news/canada/north/polar-bears-stinky-feet-may-help-attract-mates-study-1.2852820

第五章

1. Birte L. Nielsen. (2015). Behavioral responses to odors from other species: introducing a complementary model of allelochemics involving vertebrates.
   https://www.ncbi.nlm.nih.gov/pmc/articles/PMC4480148/
   Tracey Sandilands. Retrieved June 25, 2019. Cat Cleanliness vs. Dogs.
   https://pets.thenest.com/cat-cleanliness-vs-dogs-3829.html

2. Stephen G. Lomber. (2005). Dogs, but not cats, can readily recognize the face of their handler.
   https://jov.arvojournals.org/article.aspx?articleid=2132249
   Chris Matyszczyk. (2015). Cats don't need their owners, researchers say.
   https://www.cnet.com/news/cats-dont-need-their-owners-researchers-say/

3. Juliane Kaminski. (2018). Evolution of facial muscle anatomy in dogs.
   https://www.pnas.org/content/early/2019/06/11/1820653116
   Carrie Arnold. (2019). 'Puppy dog eyes' evolved so dogs could communicate with us.
   https://www.nationalgeographic.com/animals/article/dogs-eyebrows-humans-communication

4. Weiwei Lei. (2015). Functional Analyses of Bitter Taste Receptors in Domestic Cats.
   https://journals.plos.org/plosone/article?id=10.1371/journal.pone.0139670
   David Biello. (2007). Strange but True: Cats Can not Taste Sweets.
   https://www.scientificamerican.com/article/strange-but-true-cats-cannot-taste-sweets/?redirect=1

5. Bec Crew. (2015). Animal Magnetic Sense Explained by Tiny Protein 'Compasses'.
   https://www.sciencealert.com/animal-magnetic-sense-explained-by-tiny-protein-compasses
   Fiona Macdonald. (2015). Dogs Prefer to Poo Along a North-South Axis.
   https://www.sciencealert.com/dogs-prefer-to-poo-along-a-north-south-axis

6.   Saho Takagi. (2016). There's no ball without noise: cats' prediction of an object from noise.
https://link.springer.com/article/10.1007/s10071-016-1001-6
Ben Guarino. (2016). Physics test suggests cats understand gravity, Japanese researchers say.
https://www.washingtonpost.com/news/morning-mix/wp/2016/06/16/physics-test-suggests-cafe-cats-understand-gravity-japanese-researchers-say/?noredirect=on&utm_term=.6c77b1766c98

7.   David Nield. (2016). Most Dogs Enjoy Your Praise More Than Treats, Study Finds.
https://www.sciencealert.com/your-dog-enjoys-praise-more-than-food-according-to-a-new-study
ScienceDaily. (Jun. 21, 2013). Are Dogs 'Kids?' Owner-dog relationships share striking similarities to parent-child relationships.
https://www.sciencedaily.com/releases/2013/06/130621095502.htm

8.   Miho Nagasawa. (2015). Oxytocin-gaze positive loop and the coevolution of human-dog bonds.
http://science.sciencemag.org/content/348/6232/333
Stephen Messenger. (2014). Dogs Release Same "Love Chemical" As Humans, So The Feeling Is Probably Mutual.
https://www.thedodo.com/dogs-release-same-love-chemica-526164234.html

9.   C. E. Rosenkilde. (1976). Discrimination of time intervals in cats.
https://pubmed.ncbi.nlm.nih.gov/970241/
Giuseppe Piccione. (2013). Daily rhythm of total activity pattern in domestic cats (Felis silvestris catus) maintained in two different housing conditions.
https://www.sciencedirect.com/science/article/abs/pii/S1558787812001220

10. James Gorman. (2017). Why Are Dogs so friendly? The Answer May Be in 2 Genes.
https://www.nytimes.com/2017/07/19/science/dogs-genes-sociability.html
Peter Dockrill. (2017). Dogs Are Insanely Friendly Thanks to Their Genes, Say Researchers.
https://www.sciencealert.com/scientists-may-finally-understand-why-dogs-are-so-heartwarmingly-friendly

第六章

1. Wikipedia. "Law of triviality". Retrieved Jan. 07, 2019.
    https://en.wikipedia.org/wiki/Law_of_triviality

2. Jamie Madigan. (2013). The Zeigarnik Effect and Quest Logs.
    https://www.psychologytoday.com/us/blog/mind-games/201303/the-zeigarnik-effect-and-quest-logs-8
    Wikipedia. "Zeigarnik effect". Retrieved Jan. 25, 2020.
    https://en.wikipedia.org/wiki/Zeigarnik_effect
    Kendra Cherry. (2021). An Overview of the Zeigarnik Effect and Memory.
    https://www.verywellmind.com/zeigarnik-effect-memory-overview-4175150

3. Lindsay Dodgson. (2018). We stop discovering new music at age 30, a new survey suggests
    — here are the scientific reasons why this could be.
    https://www.businessinsider.com/why-we-stop-discovering-new-music-around-age-30-2018-6
    Katy Waldman. (2013). The Mysteriously Memorable 20s.
    https://slate.com/technology/2013/01/reminiscence-bump-explanations-why-we-remember-young-adulthood-better-than-any-other-age.html
    Misha Ketchell. (2016). Why high school stays with us forever.
    https://theconversation.com/why-high-school-stays-with-us-forever-56538

4. Jennifer Welsh. (2012). Slacker or Go-Getter? Brain Chemical May Tell.
    https://www.livescience.com/20026-brain-dopamine-worker-slacker.html
    ScienceDaily. (July 11, 2019). How procrastinators and doers differ genetically.
    https://www.sciencedaily.com/releases/2019/07/190711141306.htm
    Research Digest. (Oct. 08, 2015). Psychologists study twins to learn more about the roots of procrastination.
    https://digest.bps.org.uk/2015/10/08/psychologists-study-twins-to-learn-more-about-the-roots-of-procrastination/

5.   Emily R. Waldum. (2016). Why are you late? Investigating the role of time management in time-based prospective memory.
https://pubmed.ncbi.nlm.nih.gov/27336325/
Wikipedia. "Time-based prospective memory". Retrieved Mar. 27, 2019.
https://en.wikipedia.org/wiki/Time-based_prospective_memory
Susan Krauss Whitbourne. (2016). This Is Why Some People Are Always Late.
https://www.psychologytoday.com/us/blog/fulfillment-any-age/201609/is-why-some-people-are-always-late

6.   Arash Emamzadeh. (2019). Should the Dark Triad Become the Dark Tetrad?
https://www.psychologytoday.com/us/blog/finding-new-home/201910/should-the-dark-triad-become-the-dark-tetrad
Christina Sagioglou. (2019). Common, nonsexual masochistic preferences are positively associated with antisocial personality traits.
https://onlinelibrary.wiley.com/doi/full/10.1111/jopy.12526

7.   ScienceDaily. (Feb. 11, 2016). I want her to want me: Where men, sex and personality meet.
https://www.sciencedaily.com/releases/2016/02/160211133818.htm
Emma Young. (2020). Men's Tendency To Overestimate Women's Sexual Interest May Not Have A Direct Evolutionary Basis After All.
https://digest.bps.org.uk/2020/03/03/mens-tendency-to-overestimate-womens-sexual-interest-may-not-have-a-direct-evolutionary-basis-after-all/

8.   Michelle Starr. (2017). This Study Has Good News For People Who Spend All Their Time Daydreaming.
https://www.sciencealert.com/daydream-mind-wander-intelligence-creativity-schumacher
ScienceDaily. (July 30, 2015). Depressive ruminations and the idling brain.
https://www.sciencedaily.com/releases/2015/07/150730081158.htm
Markham Heid. (2018). Does Thinking Burn Calories? Here's What the Science Says.
https://time.com/5400025/does-thinking-burn-calories/

9. Jack Lee. (2019). A mutation causing alcohol-related 'Asian glow' may have ties to Alzheimer's disease.
    https://scopeblog.stanford.edu/2019/12/12/a-mutation-causing-alcohol-related-asian-glow-may-have-ties-to-alzheimers-disease/
    Jeffrey S. Chang. (2017). ALDH2 polymorphism and alcohol-related cancers in Asians: a public health perspective.
    https://jbiomedsci.biomedcentral.com/articles/10.1186/s12929-017-0327-y
    Doug Bolton. (2015). Around half of Taiwan's population lack a gene required for metabolising alcohol.
    https://www.independent.co.uk/life-style/health-and-families/health-news/around-half-taiwan-s-population-lack-gene-required-metabolising-alcohol-10464725.html

10. 蔣勳。《孤獨六講》。聯合文學出版。
    Elliot A. Layden. (2018). Loneliness predicts a preference for larger interpersonal distance within intimate space.
    https://journals.plos.org/plosone/article?id=10.1371%2Fjournal.pone.0203491
    Agnieszka Sorokowska. (2017). Preferred Interpersonal Distances: A Global Comparison.
    https://journals.sagepub.com/doi/10.1177/0022022117698039

11. Arianna Rebolini. (2017). Why Do Humans Talk to Animals If They Can't Understand?
    https://www.theatlantic.com/health/archive/2017/08/talking-to-pets/537225/
    張茵惠。2010 年。【瘋狂實驗室】如何跟寵物說。
    https://case.ntu.edu.tw/blog/?p=1726
    Leah Fessler. (2017). People who talk to pets, plants, and cars are actually totally normal, according to science.
    https://qz.com/935832/why-do-people-name-their-plants-cars-ships-and-guitars-anthropomorphism-may-actually-signal-social-intelligence/

12. Emma Young. (2021). It Turns Out You Can Bullshit A Bullshitter After All.
https://digest.bps.org.uk/2021/03/05/it-turns-out-you-can-bullshit-a-bullshitter-after-all/
Shane Littrell. (2021). 'You can't bullshit a bullshitter' (or can you?): Bullshitting frequency predicts receptivity to various types of misleading information.
https://bpspsychub.onlinelibrary.wiley.com/doi/abs/10.1111/bjso.12447?campaign=wole arlyview

13. Tobias Greitemeyer. (2020). Unattractive people are unaware of their (un)attractiveness.
https://onlinelibrary.wiley.com/doi/full/10.1111/sjop.12631
Beth Ellwood. (2020). Unattractive people think they are more attractive than they are, while attractive people underrate their attractiveness.
https://www.psypost.org/2020/08/unattractive-people-think-they-are-more-attractive-than-they-are-while-attractive-people-underrate-their-attractiveness-57703

14. Xue-Feng Wang. (2015). Endogenous Glucagon-like Peptide-1 Suppresses High-Fat Food Intake by Reducing Synaptic Drive onto Mesolimbic Dopamine Neurons.
https://www.cell.com/cell-reports/fulltext/S2211-1247(15)00688-9
ScienceDaily. (June 25, 2012). Do you always have room for dessert? Blame ghrelin, study authors say.
https://www.sciencedaily.com/releases/2012/06/120625092502.htm
David Nield. (2015). Here's Why You Always Find Room For Dessert, According to Science.
https://www.sciencealert.com/here-s-why-you-always-find-room-for-dessert-according-to-science

15. Steve Taylor. (2019). Feel like time is flying? Here's how to slow it down.
https://theconversation.com/feel-like-time-is-flying-heres-how-to-slow-it-down-115257
Ephrat Livni. (2019). Physics explains why time passes faster as you age.
https://qz.com/1516804/physics-explains-why-time-passes-faster-as-you-age/

16. Olga Khazan. (2018). How Income Affects the Brain.
    https://www.theatlantic.com/health/archive/2018/05/how-income-affects-the-brain/560318/
    Adina Zeki Al Hazzouri. (2017). Sustained Economic Hardship and Cognitive Function: The Coronary Artery Risk Development in Young Adults Study.
    https://pubmed.ncbi.nlm.nih.gov/27692543/
    Kimberly G. Nobl. (2015). Family income, parental education and brain structure in children and adolescents.
    https://www.nature.com/articles/nn.3983
    黃貞祥。2015 年。【社會科學】貧窮可能傷害了兒童的大腦。
    https://case.ntu.edu.tw/blog/?p=21274

17. Yuki Miyazaki. (2016). The Sanitary-Mask Effect on Perceived Facial Attractiveness.
    https://onlinelibrary.wiley.com/doi/full/10.1111/jpr.12116
    Elizabeth Tasker. (2016). Spotlight on Research #24: Does this surgical mask make me look cute?
    https://www.global.hokudai.ac.jp/blog/the-color-of-your-mask-impacts-how-attractive-you-appear-2/

18. Abdullah Almaatouq. (2016). Are You Your Friends' Friend? Poor Perception of Friendship Ties Limits the Ability to Promote Behavioral Change.
    https://journals.plos.org/plosone/article?id=10.1371/journal.pone.0151588
    Bec Crew. (2018). Only Half of Your Friends Actually Like You, Science Reveals.
    https://www.sciencealert.com/you-have-half-as-many-real-friends-as-you-think-you-do-study-finds
    Ben Healy. (2018). How to Make Friends, According to Science.
    https://www.theatlantic.com/magazine/archive/2018/09/how-to-make-friends/565742/

怪奇事物所
這世界不只很怪，還很可愛！

作者— 怪奇事物所 所長
設計— 張巖
主編— 楊淑媚
校對— 所長、楊淑媚
行銷企劃— 王綾翊

總編輯— 梁芳春
董事長— 趙政岷
出版者— 時報文化出版企業股份有限公司
　　　　108019 台北市和平西路三段二四○號七樓
發行專線—（02）2306—6842
讀者服務專線—0800—231—705、（02）2304—7103
讀者服務傳真—（02）2304—6858
郵撥—19344724 時報文化出版公司
信箱—10899 臺北華江橋郵局第 99 信箱
時報悅讀網—http://www.readingtimes.com.tw
電子郵件信箱—yoho@readingtimes.com.tw
法律顧問— 理律法律事務所　陳長文律師、李念祖律師
印刷— 勁達印刷有限公司
初版一刷— 2021 年 12 月 24 日
初版十刷— 2024 年 6 月 19 日
定價— 新台幣 380 元

贊助單位： 文化部 MINISTRY OF CULTURE
本書獲文化部獎勵創作

時報文化出版公司成立於一九七五年，並於一九九九年股票上櫃公開發行，於二○○八年脫離中時集團非屬旺中，以「尊重智慧與創意的文化事業」為信念。

怪奇事物所. 2/ 怪奇事物所所長作 .-- 初版 .-- 臺北市：
時報文化出版企業股份有限公司, 2021.12　面；　公分
ISBN 978-957-13-9808-2(精裝)

1. 常識手冊

046　　　　　　　　　　　　　　　　　　110020699